汉语作为第二语言学习者词汇习得研究

The Acquisition of Chinese Lexicon by CFL Learners

王 瑞 ◎ 著

汕头大学出版社

图书在版编目（CIP）数据

汉语作为第二语言学习者词汇习得研究 / 王瑞著
. — 汕头：汕头大学出版社，2018.8
ISBN 978-7-5658-2922-2

Ⅰ．①汉… Ⅱ．①王… Ⅲ．①汉语－对外汉语教学－
教学研究 Ⅳ．① H195.3

中国版本图书馆 CIP 数据核字（2018）第 202561 号

汉语作为第二语言学习者词汇习得研究
HANYU ZUOWEI DI-ER YUYAN XUEXIZHE CIHUI XIDE YANJIU

著　者：王　瑞
责任编辑：宋倩倩
责任技编：黄东生
封面设计：黑眼圈工作室
出版发行：汕头大学出版社
　　　　　广东省汕头市大学路 243 号汕头大学校园内　　邮政编码：515063
电　　话：0754-82904613
印　　刷：北京市金星印务有限公司
开　　本：710mm×1000mm　1/16
印　　张：11.25
字　　数：193 千字
版　　次：2018 年 8 月第 1 版
印　　次：2018 年 10 月第 1 次印刷
定　　价：42.00 元
ISBN 978-7-5658-2922-2

序

　　王瑞博士的《汉语作为第二语言学习者词汇习得研究》一书拟将出版，嘱我写一序。作为她的导师，我欣然承诺。该书有博士论文的底子，但作者又增加了一些新近的研究文献和内容，所以，我仍然从头到尾重新读了一遍。与此同时，我刚毕业研究生的论文题目也是关于汉语学习者"生造词"的研究。（高飞 2018）虽然两项研究相隔近十年，但总体而言，汉语词汇习得领域关于"生造词"的产出和加工机制的研究却没有太多的新进展。这一领域研究相对滞后的原因有多种，但归结起来，无外两种：一是理论视野，二是研究方法。

　　汉语词汇习得研究，最初始于汉外词汇对比研究。受对比分析理论的影响，汉语教学界一度希望通过汉外语音、词汇、语法甚至文化的系统对比来探索汉语学习者习得规律。但事实证明，对比分析对探讨汉语学习者词汇习得过程和机制的贡献非常有限。之后，受偏误分析理论的影响，汉语教学界出现了大量汉语词汇、语法偏误分析的研究。然而，由于偏误分析本身在理论和方法上的局限，汉语词汇习得的偏误分析流于偏误表层结构和表层策略的描写，对学习者词汇偏误产生的原因的阐释仁者见仁，智者见智。这种研究方法对研究学习者偏误的产出和加工机制显得无能为力。尽管如此，在众多词汇偏误分析研究中，邢红兵（2003）通过大量汉语学习者中介语语料库的统计分析，提出了词汇偏误中"生造词"这一具有重要研究价值的偏误类型。由此，汉语学习者"生造词"研究成为汉语词汇习得研究一个良好的起点和重要研究领域。

　　近些年来，围绕汉语学习者"生造词"的偏误分析仍然占有很大的比重。但是，随着理论视野的拓宽，汉语词汇习得研究的心理语言学视角为"生造词"研究带来新的生机。特别是 Jiang Nan（2000，2002，2004）关于词汇习得与表征的研究，引起汉语教学界学者对汉语词汇习得表征研究的极大关注。王瑞博士正是在这一理论框架下探讨汉语学习者"生造词"的习得与表征研究。这一研究也是汉语教学界从心理表征的角度较早探讨汉语学习者"生造词"产出和加工机制的行为实验研究。通过这一研究，我们对汉语学习者"生造词"心理表征和加工机制有了更为深入的认识。

汉语学习者"生造词"研究作为观察学习者词汇表征的建立过程，以及"生造词"产生的原因和心理机制提供了一个特定的窗口。通过这个窗口，王瑞的研究有两个重要的发现，一是汉语学习者词汇表征的建立不是一蹴而就的，而是经历了"形式联结""形式/词目联结""L1 词目中介"和"重组"四个阶段。在心理表征建立之前，学习者根据已有的构词法知识进行构词，必然会产生"生造词"；二是整词表征和词素表征混淆。研究表明，对低水平学习者而言，更多地依赖语素表征单位进行构词，而高水平学习者更多依赖整词表征单位构词。这就是说，表征单位是汉语学习者产生"生造词"的主要原因。但是，由于"生造词"在学习者的心理词典中没有对应的心理表征，因此，"生造词"具有临时性和不稳定性。这些结论说明，"生造词"这一特定窗口为观察其生成机制提供了基础和前提，但是，特定的理论视野和研究范式则是获得上述结论的必要条件。这也是理论的价值所在，当然也是作者该项研究的价值所在。

顺便说一下汉语语素教学的问题。在汉语教学界，一直存在着"字本位"和"词本位"的争论。一派认为，"字本位"反映了汉语的本质特征，符合汉语的特点和规律，因而主张"字本位"教学。一派认为，"词"是交际的基本单位，"词本位"符合汉语教学的特点和规律。与前一种观点相似的是语素教学观点。在我们看来，教不教语素，怎么教语素，不能一概而论。从王瑞博士的研究以及其他相关研究的结论看来，汉语教学初级阶段似乎不适合语素教学。如果在初级阶段过于强调语素教学，但缺少构词法知识的教学，会使学习者产生更多的"生造词"，也不利于学习者整词表征的建立。教学顺序应该先整词，后语素。通过大量的含有相同语素的整词学习，学习者的语素意识会自然涌现。另外，从"生造词"的结构类型的分析可以看出，汉语学习者的构词法意识出现的比较早，这符合成人二语学习者的认知特点。但是，成人二语学习者这一优势往往是产生"生造词"的一个重要原因。

　　总之，王瑞博士的研究为汉语词汇习得研究提供了一种新视角，研究的结论对汉语词汇教学教什么、怎么教提供了实验研究的依据。在未来的研究中，应进一步拓宽理论视野，采取新的研究范式，进一步揭示汉语学习者词汇习得心理机制和认知神经机制。

　　是为序。

北京语言大学对外汉语研究中心

王建勤

2018 年 7 月 3 日于北京

摘　　要

　　Levelt（1989）指出，表征研究和习得研究密不可分。但是，与习得研究相比，表征研究一直没有受到足够的重视（Jiang 2000）。汉语作为第二语言（L2）的词汇研究尤其如此。表征作为习得的心理机制，必然会体现在学习者的语言加工之中。从汉语词汇习得的角度看，"造词偏误"是最常见的一类词汇加工偏误。这类偏误是学习者根据已知或已有规则和词素"创造"出的中介词汇形式，反映了学习者词汇心理知识表征的发展状况。把词汇心理表征研究与词汇习得研究相结合，能帮助我们深入了解词汇习得过程、发现词汇习得的内部机制，对词汇教学更有着直接的指导意义。

　　本书采用实验研究的方法，首先验证 Jiang（2000）提出的 L2 词汇心理表征发展模型假说对汉语词汇习得的适用程度。然后根据对学习者造词偏误的分析，考察与偏误相关的主要词汇知识类别的发展状况，探讨母语为英语的汉语第二语言学习者造词偏误的心理机制。

　　研究一和研究二通过考察不同习得阶段 L1 和 L1 词目信息在汉语词汇认知中的作用，在验证 Jiang（2000）提出的 L2 词汇心理表征发展模型的基础上，提出汉语词汇心理表征发展要经历的四个阶段："形式联结阶段""形式 / 词目联结阶段""L1 词目中介阶段"和"重组阶段"。

　　造词偏误的产生是由于词条表征内容信息不足或不完善。偏误分析表明，与造词偏误相关的词汇知识主要有三类：语义、词边界和构词知识。因此，研究三、研究四、研究五分别考察这三类词汇知识表征的发展过程，从认知的角度，对学习者不同类型造词偏误的心理机制进行说明。第一类偏误是同 / 近义替代类偏误，形成的原因是表征语义知识发展不完善。汉语词语义的提取需要通过母语即英语对译词完成，当两个汉语词对应同一个英语对译词，就形成了 L2-L1 之间多对一的联结关系，造成混淆。当多个汉语词对应多个英语对译词，就形成了 L2-L1 之间多对多的联结关系，使得词汇的认知更加困难；第二类偏误是整词与词素混用类偏误，此类偏误的形成是由于词边界信息不明，学习者无法区分词与词素边界；第三类偏误是无汉语对应词的生造词，主要是由于学习者利用已经有的汉语构词知识，通过提取已知词素创造出来的。

根据以上实验研究结论，本书进一步将词汇心理表征研究与造词偏误类词汇知识发展研究相结合，建立汉语生造词这一特殊类别的汉语词汇心理表征模型，并探讨了表征的发展模式。最后，从教学的角度思考词汇心理表征相关问题，讨论汉语词汇教学的任务和策略。

关键词： 词汇心理表征，词汇偏误，生造词，心理机制

Abstract: Chinese Lexical Aquisition of CSL Learners

Any theory of second language acquisition is incomplete without a representation component, because, as pointed out by Levelt (1989), representation and acquisition cannot be studied independently of each other. However, compared to acquisition, representation has received little attention from second language researchers (Jiang 2000). This is especially true with Chinese vocabulary acquisition as a second language (L2). As the inner mechanism of acquisition, representation unavoidably affects the lexical processing. From the perspective of Chinese vocabulary acquisition, word-generating errors are among the most commonly-seen lexical processing errors. They are interlanguage forms *created* by the learners with morphemes and regulations available in their brains, reflecting the developing status of their mental lexical representation. Combining the study of Chinese lexical representation and that of vocabulary acquisition would promote our in-depth understanding of the process and mechanism of Chinese vocabulary acquisition, and thereby help to improve the Chinese L2 vocabulary teaching techniques.

The current study applies empirical approaches to test the applicability of the L2 lexical representation development model proposed by Jiang (2000) in Chinese vocabulary learning, and then explores the development of the main types of lexical knowledge based on word-generating error analysis. The mechanism of the errors is therefore discussed.

Study I and study II explore respectively the mediation of L1 and L1 lemma in Chinese vocabulary cognition. Based on Jiang's model, four stages of Chinese mental lexical development are proposed: *formal association stage, formal/lemma association stage, L1 lemma mediation stage and reconstructing stage.*

Word-generating errors are results of the inadequate representation of lexical knowledge which can be categorized into three types based on the error analysis: word meaning, word boundary and morphology. Study III, study IV and study V are thereby designed to probe into the development of these three types of lexical knowledge representation, and to explain the mechanism of the word-generating errors from a cognitive perspective. Error type I, the synonym/related words substitution error, appears when two or more Chinese synonyms or related words share the same English translation because the cognizing of Chinese words need to activate the links between Chinese words and their L1 translations. Error type II, the words and morphemes substitution error, is due to the little or inadequate word boundary information presented in the lexical entries. Error type III, the typical self-generated word error, is caused when the learners create new words with morphology and morpheme information they have achieved.

Based on the above empirical research results, a specific representation model for learners' self-generated words is set up, and the developing mode of this model is further discussed from a theoretical perspective. The implications for Chinese L2 vocabulary teaching are also discussed.

Keywords: lexical representation, lexical error, self-generated word, mechanism

目　　录

第一章 绪 论

1.1 研究缘起

近 20 年，词汇习得研究在第二语言习得研究中越来越受到关注。Meara（1996a）指出：词汇能力是语言交际能力的核心。词汇问题就是语言问题的核心（Verhallen et al. 1998）。对于学习者而言，学习和使用第二语言（以下简称"L2"，母语或第一语言简称"L1"）的主要挑战就是词汇的掌握（Singleton 1999）。目前，词汇习得研究已经成为第二语言习得研究的重要领域。

在对外汉语教学界，词汇教学和习得研究也越来越受到重视。杨惠元（2003）认为，在整个对外汉语教学中，词语教学自始至终都应该放在语言要素教学的中心位置。学者们从不同角度提出，学习者学习汉语的困难，在很大程度上是词汇问题（何干俊 2002，陈贤纯 1999），即使进入中、高级阶段，词汇偏误仍是影响表达，提高汉语水平的主要问题（张若莹 2000，沈履伟 2002）。

综观国内外词汇习得研究，尽管近些年来研究成果斐然，但是正如 Meara（2002）所指出的，研究模式和研究方法非常有限，大部分词汇研究还是沿着传统的词汇习得研究思路进行。"当前的心理语言学、计算机研究等领域的研究方法和研究成果似乎没有影响到这一领域。"（Meara 2002: 406）从研究内容上看，还缺乏对词汇习得的发展过程、词汇知识多层面的研究（Nation 2001），从学习者的角度考察 L2 词汇发展过程的研究更少（Lin 2004）。整体上看，第二语言词汇习得研究一直是欧洲语言的天下（Meara 1996b, Larsen-Freeman 2000），针对其他语言的词汇习得发展研究非常有限，更不用说像汉语这样与拼音文字语言正字法系统完全不同的语言。这种"一头沉"的现象会使整个研究领域陷于畸形发展（Meara 1996b），不利于学科理论建设。

Koda（1996）指出，L2 词汇识别能力与两种语言的正字法系统相似程度相关。学习者在学习一种母语的亲属语言时，L2 词汇的表征常常不是大的问题。正像 Odlin（1989）描述的："掌握大多数欧洲语言的词汇就好像学着识别一群有着小小伪装的老朋友，再花些工夫学习剩下的不认识的词。"（转引自 Lin 2004）尽管这样的描述有些过于简单化，但是研究表明，当学习者的 L1 与 L2 正字法系统迥然相异时，例如英语和汉语，L2 的词汇加工会比较困难缓慢（Everson 1988, Mori 1998）。由于 L1 到 L2 的正字法距离效应（Koda 1996）和 L1 对 L2 的迁移效应（Odlin 1989, Koda 1997），母语为英语的汉语学习者建立 L2 词汇表征，要比他们学习其他英语的亲属语言，如西班牙语或法语，要跨度更大难度更大，汉语词汇习得的阶段性也许会更强。词汇的发展过程是 L2 词汇习得研究的核心，也是词汇习得研究的前沿问题。因此，我们有必要对汉语作为 L2 的词汇发展过程进行研究。

另外，词汇发展过程涉及学习者词汇心理表征、词汇习得、词汇加工等各个方面。有关这些问题的研究对我们深入了解词汇习得的内部机制、发现词汇偏误的心理机制都至关重要，对词汇教学更有着直接的指导意义。由于传统的第二语言习得理论模式多以语法项目的习得为主要对象，无法直接应用在 L2 词汇习得研究中（Lin 2004, Jarvis 2009），这就需要我们在现有理论的基础上，借鉴其他相关领域的理论与方法，结合汉语的实际情况，考察汉语作为第二语言的词汇发展模式，并在此基础上探讨词汇习得的相关问题，为第二语言的词汇习得的理论建设和教学实践做出贡献。

1.2 理论背景

本研究的主要理论背景是 Jiang（2000）从心理语言学角度提出的 L2 词汇发展模型假说。

1.2.1 词汇习得模型的提出

一般认为，一个 L1 词条的心理表征包括语义、句法、词素和形式（语音和拼写）特征，这些特征可以分为成两个层面：词目层（lemma）和词位层（lexeme），如图 1-1。词目层包括一个词的语义和句法信息，词位层包括语素和形式信息（Garrett 1975, Levelt 1989）。已有的心理学实验（Van Orden 1987, Perfetti et al. 1988 等）表明，在 L1 词汇表征内部，词目信息和词位信息具有高度整合性。也就是说，一个心理词条一旦打开，关于这个词的所有的音形义信息都同时自动启用。

图 1-1　词汇表征内部结构（Levelt 1989）

Jiang（2000）认为，与学习 L1 相比，L2 学习者不可避免地要面临两个挑战：一是语言输入上的质和量的不足；二是在学习 L2 时，学习者头脑中已经存在一套 L1 的概念和语义系统。这套概念语义系统是随着 L1 母语习得建立起来的，必然要影响到 L2 的学习。从一方面看，成年的 L2 学习者倾向于通过 L1 对译词通达已有的概念和意义系统学习新的 L2 词汇；另一方面，已有的概念和意义系统也可能会干扰或阻止新的 L2 词意义特征的生成。

这样看来，L1 词会和已有的语义系统一起作用，干扰 L2 学习中新词汇语义特征的建立。而且，由于语义系统是在 L1 词汇学习的过程中建立的，L1 对译词的激活，或倾向于使用 L1 对译词，就是 L2 词汇学习中不可避免的现象。

Jiang（2000）认为，正是由于 L2 学习的这种特殊性，造成了 L2 词汇表征与 L1 词汇表征与发展模式的根本不同。根据这一假设，他提出了 L2 词汇表征发展的三个阶段。

1.2.2 L2 词汇习得三个发展阶段

第一阶段，Jiang（2000）称为"词汇发展的形式阶段"（the formal stage of lexical development），是词汇表征发展的初级阶段。习得 L1 词汇时，词汇的习得是伴随着意义的建立完成的，即词的语义和词汇形式特征（即 lemma 层和 lexeme 层）同时创建。而在传统教学环境下，学习者的注意力最初主要集中在 L2 新词的形式特征上，比如拼写和发音，对意义的理解大都依靠 L1 对译词完成。所以，这一阶段几乎不会建立新的语义或句法信息。词汇表征的内容（见图 1-2a）仅仅包括新词的形式特征和一个纽带，纽带把 L2 新词和它的 L1 对译词联系在一起，学习者通过 L1 对译词通达语义。

如图 1-2a 所示，这一阶段词汇表征的特点是词目层空缺（De Bot et al. 1997）。但应指出的是，表征中缺少语义、句法和词素信息，并不是说这些信息对学习者是不可知的。学习者可以通过激活 L2-L1 之间的联结纽带，获得 L2 词的部分语法语义信息；另外，学习者也可以外显地学习语法规则。然而，这两种途径获得的语义和语法信息都不是 L2 词汇表征中的有机整合部分。相反，这部分信息是存储在表征之外，在自然交际中是无法自动提取的。它们只是学习者词汇知识的一部分，还没有变成词汇能力。

第一阶段使用 L2 词，需要激活 L2 词与 L1 对译词之间的联结纽带（见图 1-2b）。要表达的概念首先激活 L1 词典中词目信息与该概念相符的 L1 词，再通过有意识的回忆，找到与这个 L1 词联结的 L2 词。这一过程实际上是"词汇联结过程"，也就是双语词典研究者们（Potter et al. 1984）提出的"词汇联结假设"（Lexical Association Hypothesis）。识别词汇时，L2-L1 之间的联结首先被激活，由于 L1 词表征内部信息的高度整合性，L1 对译词的语义、句法和词素等信息也同时被激活，并帮助理解 L2 词。生成词汇时，要表达的概念先激活那些词义特征与概念相符的 L1 词汇，然后 L1 词汇通过联结纽带找到相应的 L2 词。

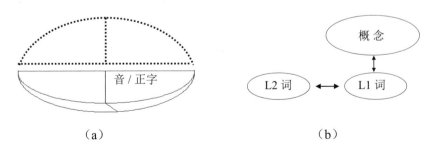

（a）　　　　　　　　　　　（b）

图 1-2　第一阶段词汇表征和 L2 词汇加工

第二阶段称为"L1 词目中介阶段"（the L1 lemma mediation stage），是词汇发

展的中级阶段。随着学习者 L2 语言经验的增加，L2 词形式特征与 L1 对译词之间的联结纽带不断被重复激活，直到最后，L2 词与 L1 对译词的词目信息（语义和句法特征）的联结达到了自动激活的程度。这个时候，L1 词目信息实际上已经进入 L2 词汇表征，或者说是被"复制"或"粘贴"到 L2 词汇表征的词目层上，和 L2 词形一起组成了 L2 词汇表征（见图 1-3a）。

这一阶段的表征特点是 L1 词目"占领"了 L2 词条的词目空间，但是词汇表征中词素信息依然空缺。因为语义和句法信息可以由两种语言共有，而词素特征却是各个语言特有的，不易发生迁移。另外一个特点是，L2 词与概念意义之间的联系不紧密，原因是词目信息由 L1 复制而来，不是在 L2 词汇学习过程中创建的，所以还没有成为词条信息的有机组成部分。意义的提取依然要通过 L1 中介。

不同的是，到了这个时候，意义的提取有了两个路径（见图 1-3b）：L2 词汇既可以通过表征中的 L1 词目信息通达概念和意义，也可以通过第一阶段的词汇联结通达概念和意义。由于前者更为直接快捷，就成为默认路径。这一提取过程与双语心理词典研究提出的"改进型层级模型"（Kroll & Stewart 1994）相一致。所以，这一阶段 L2 词的使用特点是，L1 词形不再起主要作用。另外，由于 L2 形式和 L1 词目信息建立了直接的联结，在生成 L2 词汇时省略了有意识回忆的环节，所以生成 L2 词的自动化程度大大提高。

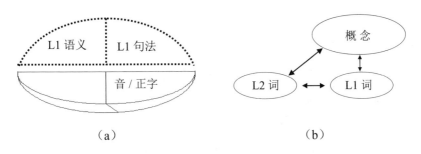

图 1-3 第二阶段的词汇表征和 L2 词汇加工

第三个阶段是 L2 词汇表征发展的"整合阶段"（the L2 integration stage），也是词汇发展的最高阶段。学习者最终从语言的使用中提炼出 L2 词的语义、句法和词素特征信息，并将这些信息整合进词汇表征中（见图 1-4）。在此阶段，无论是词汇表征还是词汇加工过程，L2 词与 L1 词都非常接近。不但表征内容完整，而且在 L2 使用上也具有较高的自动化程度。

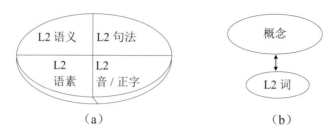

图 1-4　第三阶段的词汇表征和 L2 词汇加工

　　综观这三个词汇发展阶段,如图 1-5 所示。在最初的"形式阶段",L2 词条刚刚建立,表征中只有 L2 词的形式特征和一个联结纽带。当学习者语言经验逐步增加,L1 对译词的语义和句法信息被"复制"或"粘贴"到 L2 词表征中,所以第二阶段的 L2 词表征包括 L1 词形式特征和 L1 词目内容。最后一个阶段,L2 词的语义、句法、词素和形式特征一起,有机地整合在词汇表征中。

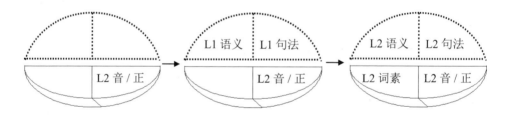

图 1-5　L2 词汇发展 —— 从形式阶段到整合阶段

1.2.3　词汇僵化问题

　　在提出发展模型的基础上,Jiang(2000)进一步讨论了词汇僵化问题。他认为,由于 L1 词目信息的中介作用,大部分的词汇发展会停留在第二个阶段,导致僵化现象。理论上,大量的语言输入能够帮助学习者提取词的语义和其他词汇信息,建立正确的 L2 词汇表征。然而,由于 L1 词目信息进入 L2 词汇表征,不断的输入只能不断地加强 L1 词目信息和 L2 形式特征之间的联结,反而强化了 L1 词目信息的中介作用,阻碍了学习者从语境中提取语义和其他信息。另一方面,L2 词汇表征中的空间一旦被 L1 词目信息占领,L2 词目信息也很难再进入。所以,从第二阶段到第三阶段的发展,可能要花很长的时间。对于多数词来说,这一步可能永远也不能完成。这就是 L2 的词汇发展的僵化现象,见图 1-6。

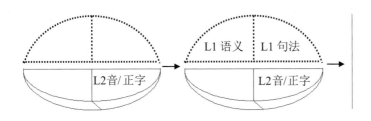

图 1-6 L2 词汇发展僵化

Jiang（2000）的这个模型假设结合了心理语言学和第二语言习得的研究成果，从整体上描述了 L2 词汇的习得过程，为我们提供了一个比较完整的理论框架。一方面，我们可以利用这个理论框架，把各种 L2 词汇习得研究成果纳入其中，如表征研究、习得研究、加工研究、僵化研究等。另一方面，由于这一理论广泛涉及了许多理论和实践问题，也给我们深入验证、探讨这些问题，进一步研究第二语言词汇心理表征、习得和加工过程提供了新的思路和方向。

1.3 本书研究的问题

如上文所述，Jiang（2000）提出的 L2 词汇表征发展模型为我们提供了一个比较完整的词汇习得发展研究框架。但是，这一模型是建立在拼音语言研究的基础之上的，由于汉语与拼音语言差异较大，模型中 L2 词汇发展的三个阶段是否也适用于汉语作为 L2 的词汇习得发展？我们是否能在汉语词汇表征研究中套用这一研究框架？为了回答这些问题，我们有必要对 Jiang 提出的 L2 词汇发展模型假说进行验证，考察这一模型对汉语 L2 词汇发展的适用性。

作为一个问题的两个方面，表征研究和习得研究密不可分（Levelt 1989）。表征作为习得的心理机制，必然会体现在学习者的语言加工之中。从汉语词汇习得的角度看，词汇偏误是学习者汉语表达中比较突出的问题。最常见的，就是本书要讨论的"造词偏误"。这类词在汉语学习者的目的语中没有完全对应形式，是学习者根据已知或已有规则和词素"创造"出的中介词汇形式。我们看到，即使到了高级阶段，学生也会出现许多"造词"现象，产生偏误。而现有的词汇偏误研究，大都停留在偏误描写、分析的水平上，很少涉及偏误产生的内在机制。邢红兵（2003）结合数据库研究，对"留学生中介语语料库"出现的偏误合成词进行了分析，从表层形式分类的角度把偏误合成词分成 5 大类 17 小类，并在此基础上分析了留学生的各种词汇结构意识。但是这样的分析是与偏误词生成方向相反的逆向分析。我们更需要从词汇生成的方向出发，从词汇知识表征发展的角度，探讨学习者在习得不同阶段"造词"的心理机制。

基于上述分析，本书将重点研究词汇心理表征发展过程和学习者汉语造词偏误的心理机制。

具体地说，本书将着力探讨以下几个问题：

第一，母语为英语的汉语学习者汉语词汇心理表征发展过程。Jiang（2000）的 L2 词汇表征发展模型分为三个阶段。第一阶段称为"词汇发展的形式阶段"，学习者通过与 L1 对译词联结的方式通达意义和概念；第二阶段是"L1 词目中介阶段"，学习者直接通过 L1 对译词的词目信息通达意义和概念。经过前两个阶段的发展，L2 词汇最终进入"整合阶段"，学习者建立起与母语使用者相似的词汇表征。综观这三个词汇表征发展阶段，首先，L1 的中介作用非常显著。其次，L1 的中介形式随着习得的发展而发生了变化。因此，我们将分两个步骤对这一模型进行验证。第一步，考察不同习得阶段 L1 在汉语词汇认知中的作用，从整体上验证 L2 词汇表征发展模型假说。如果实验证实了 L1 的中介作用，在第二步，我们将进一步考察 L1 中介形式的变化及其在汉语词汇认知中的作用。根据研究结果，我们将借鉴并修正 Jiang 的 L2 词汇表征发展模型假说，对描述汉语词汇表征的发展过程进行描述。

第二，母语为英语的汉语学习者汉语造词偏误产生的心理机制。我们对汉语学习者的造词偏误进行分析发现，学习者"造词"并不是完全没有根据，比如"花公园""兵人"等。这些偏误词具有一定的构词依据，并非完全的"胡编乱造"。偏误的产生似乎是由于词汇知识不完整，某部分知识存在，某部分知识缺失造成的。为什么会出现这样的现象？是什么样的心理机制导致了造词偏误的产生？从认知的角度看，造词偏误的产生是由于词条表征内容信息不足或不完善。因此，我们将把数据库分析与实验的方法相结合，第一步，利用留学生中介语语料库，对母语为英语的汉语学习者的造词偏误进行分析。根据偏误涉及的词汇知识类别对偏误进行分类。第二步，根据分类结果，考察不同词汇知识的发展过程，从认知的角度，对学习者不同类型造词偏误的心理机制进行说明。

第三，进一步讨论母语为英语的汉语学习者汉语生造词心理表征的内部结构和发展状况。词汇习得的过程也是词汇心理表征逐渐充实完善的过程。因此，不同表征知识的发展状况必然会反映在学习者不同的词汇加工中。生造词作为一种特殊的中介词汇，反映了学习者在造词过程中所涉及的主要表征知识类别。另外，西方学者提出的表征结构是基于拼音语言研究的，表征的某些部分（比如词素曲折信息）并不适用于汉语。因此，我们可以根据以上的研究结果，对西方学者提出的词汇表征结构进行分析和修正，结合汉语的实际情况和生造词的特殊性质，建立生造词这一特殊类型的词汇心理表征结构，并对生造词心理表征的发展模式进行理论探讨。

第四，结合研究结论，从教学的角度讨论词汇心理表征知识和相关问题，进一步探讨汉语词汇教学的任务和策略。

1.4 本书的结构

本书的研究框架为：

第一章绪论，说明选题原因，介绍理论背景、研究的问题、研究的思路等；

第二章综述 L2 词汇习得研究；

第三章通过研究一、研究二，验证 Jiang（2000）的 L2 词汇表征发展模型，描述汉语词汇表征发展过程；

第四章考察学习者造词偏误的心理机制。利用研究三、研究四、研究五描述偏误涉及的主要词汇知识类别的发展过程，对造词偏误的心理机制进行解释；

第五章总结实验研究结论，构建汉语生造词心理表征，探讨生造词心理表征的发展模式，并对相关理论问题进行讨论；

第六章探讨本研究结论对汉语词汇教学的启发；

第七章余论，阐述本研究存在的问题和尚需进一步研究的问题。

第二章　文献综述

2.1　第二语言习得领域的词汇研究

2.1.1　概　　述

第二语言词汇习得研究早在 20 世纪初就出现了。Edward Lee Thorndike（1914）
"比较了两种学习（德语）词汇的方法：（a）重复记忆法，只通过大声朗读的方法
学习一组词汇；（b）回忆法，只朗读一遍，然后盖住每对词的其中一个，让被试说
出另一个"（转引自 Meara 1996b: 29）。Thorndike 在研究中并没有发现这两种方法
有显著差异。

从 20 世纪早期一直到 70 年代，词汇习得的研究大都围绕词汇学习方法进行。
在各种学习方法中，人们普遍认为"关键词法"的效果要好于当时的其他各种方法，
这种方法就是以书面形式把 L2 词汇和它的 L1 对译词联系起来（见 Meara 1983a）。

20 世纪六七十年代，研究集中讨论了教学方法对词汇习得的影响（如 Lado
et al. 1967， 转引自 Lin 2004）和词汇偏误分析研究（如 Macaulay 1966, Ringbom
1978）。学者们研究发现，语音和词汇水平上的迁移偏误要比语法水平更多更常见。
L1 使用者对于 L2 使用者的语法偏误的宽容度高于词汇偏误。L2 词汇加工研究也开
始于 20 世纪 70 年代。Hardyck（1978）提出，一个 L2 词汇的意义是通过它的 L1 对
译词通达的。Kolers（1966）提出，语言的编码和解码是不对称的操作。

1982 年，Meara（1982a）发表文章"词汇习得：语言学习中一个被忽视的方面"，掀起了第二语言习得领域词汇研究的热潮。这一时期出现了词汇知识连续体的概念。研究者们认为，学习者心理词典中的每一个词都要经历一个过程，从认知词汇的运用到活用词汇的运用，构成一个连续体（Teichrowe 1982, Faerch et al. 1984, Palmberg 1987）。早期的连续体理论认为，随着词汇熟悉度的提高，这种发展会自然完成（Melka 1982）。后来，Laufer（1991）、Henrikson（1999）和 Nation（2001）分别从各自的角度又细化了连续体的内容。

从 20 世纪 90 年代开始，L2 词汇研究有了革命性的进步。首先，词汇在语言习得中的重要地位得以确立（Bernhardt 1991, Kelly 1991, Lennon 2000）。过去，词汇知识一直与语音、词素、句法一道被列为语言能力的一个下属部分（Canalale & Swain 1980, Bachman 1990），现在，词汇能力作为一个独立的概念被提了出来（Meara 1996a）。其次，从研究内容上，如词汇发展理论（Nation 1990, Meara 1997, De Bot et al. 1997, Henrikson 1999）、词汇广度和深度研究（Nation 1993, Laufer & Nation 1995, Bogaards 2000, Schmitt & Clapham 2001, Greidanus & Nienhuis 2001, Cameron 2002, Qian 2002, Schmitt 2008）、词汇测试（Meara & Jones 1988, Laufer & Nation 1995/1999, Meara 1997）、词汇相关性和词缀（Schmitt & Meara 1997）、被动和主动词（De Droot & Poot 1997, Altman 1997）、主动词汇和被动词汇的关系（Laufer 1998, Laufer & Paribakht 1998）等等。最后，在研究方法上，新的实验研究方法广泛使用于词汇的各个方面的考察。尤其是进入 21 世纪以来，L2 词汇习得研究与心理语言学和认知等领域的研究相结合，通过实验和模拟等手段，从认知的角度对词汇习得特点和规律进行了多方面的描述（如 Li et al. 2006, Jiang 2000/2002/2004, Al-Mansoor 2004, Pavlenko 2008）。

总之，一个世纪以来，L2 词汇习得研究在很多方面都有了长足的发展。但是，总体上看，大多数研究方法和研究思路还大都沿着传统范式进行，需要更好地结合其他相关学科的研究方法和研究成果，另外，现有的研究成果太过集中于英语作为 L2 的习得研究（Meara 1996b），非拼音文字语言的词汇习得研究亟待丰富。

2.1.2　第二语言词汇知识

词汇知识涉及多方面内容（Milton 2009）。广义上说，L2 词汇知识可以分为词汇广度知识和词汇深度知识。词汇广度知识指学习者的词汇量，词汇深度知识就是通常学习者们所提到的"词汇知识"（如 Nation 2001, Schmitt 2008），指词汇知识的多面性。

目前，词汇广度知识研究主要集中在两个实用性问题上：一是学习者理解书面或者口语材料需要识别的词汇覆盖率；二是学习者需要知道的词汇数量。二者其实是一个问题的两个方面。学术界一直认为，学习者需要知道语言材料 95% 左右的词汇（Laufer 1989），才能正确理解阅读材料内容（Schmitt 2008）。但是较新的研究显示，这一比例还要更高，接近 98%—99%（Hu & Nation 2000）。口语材料较低，只需要 90%（Nation 2006）。但是，无论何种语言材料，如果词汇覆盖率低于80%，学习者就一定会出现理解困难（Bonk 2000）。Nation（2006）分析了威灵顿英语口语数据库（Wellington Corpus of Spoken English）中的各种面试、亲友间的谈话材料，在统计超过 20 万词汇后提出，学习者需要知道 6 000—7 000 常用词才能达到覆盖率 98% 这一目标。如果要阅读小说或者各类报纸，这一数字应该在 8 000—9 000。Milton 和 Hopkins（2006）的统计发现，阅读普通日常读物，学习者只需要4 500—5 000 词汇量。当然，如果加上各种小说和报纸，词汇量在 8 000—9 000 是比较理想的（Schmitt 2008）。

除了需要一定的词汇量以外，更重要的问题是，学习者还需要知道什么才能正确地使用一个词？换言之，"知道"一个词意味着什么？这就是词汇深度知识的问题。这一问题对我们正确认识 L2 词汇的教与学都很有意义（Nation 1990/2001/2013, Schmitt & McCarthy 1997）。因此，词汇深度知识一直是个研究热点。

长久以来，词汇知识被认为是一个或有或无的概念。不少教师和学习者都认为，知道了一个词的书写 / 口头形式和意义，就算"学会"了这个词。的确，形式和意义的联结是词汇知识中最主要的。仅从识别的角度看，知道词的形式和意义也就够了。但是，学习者如果需要生成词汇，还需要更多的词汇知识。尽管学习者在使用一个词时，不必掌握所有知识，但是一个完整的词汇知识应该是多方面的。因此，Nation（2001, 2013）提出，"知道"一个词，实际包括知道词的形式、意义和使用三个方面内容。他进一步详细列出这三方面词汇知识的内容，如表 2-1。这一表述被学术界认为是对词汇知识的"最佳"概括（Schmitt 2008）。

表 2-1　词汇知识内涵（Nation 2001: 7）

形式：	口语	R[1]	该词听起来像什么？
		P	该词如何发音？
	书面	R	该词的外观如何？
		P	该词如何拼写？
	词部件	R	该词中哪些部分可以识别？
		P	哪些部分需要用来表达该意义？
意义：	形式和意义	R	该词形式代表什么意义？
		P	什么词形用以表达该意义？
	概念和指示	R	该概念包含什么？
		P	该概念指哪些具体项目？
	联想	R	该词使我们想到哪些其他词汇？
		P	哪些其他词可以替代该词？
使用：	语法功能	R	该词在哪些格式中出现？
		P	我们在什么格式中必须使用该词？
	搭配	R	什么词或者什么类型的词与该词一起出现？
		P	使用该词时必须使用其他什么词或者什么类型的词？
	使用限制	R	一般在哪里，什么时候会遇见该词？频率如何？
		P	一般在哪里，什么时候能使用该词？频率如何？

　　从表 2-1 中我们可以看出，无论在词汇知识的哪一个层面，都区分接受性使用水平和生成性使用水平。接受性是指在听或读中接受语言输入，生成性指在说或写时的语言产出。接受性词汇知识涉及理解一个词汇和提取它的意义，产出性词汇知

---

[1]　R：Receptive use 接受性使用；P：Productive use 生成性使用。

识涉及使用一个词表达意义。关于这两种词汇知识的关系，大体上有两种意见，一种观点认为，接受性词汇知识和生成性词汇知识存在于一个连续体中（如 Melka 1997），另一种观点则认为这两种词汇知识是分立的。Melka（1997）提出，词汇知识是多层面的，就同一个词而言，可能一些知识是生成性的，另一些是接受性的，我们很难确定这两种词汇知识之间的界线。研究证明，接受性词汇知识一般比生成性词汇知识容易习得，要能够生成词汇，学习任务必须是产出型的（Waring 1997）。我们认为，第一，就词汇知识本身而言，接受性和生成性是相同词汇知识的不同使用水平，是一个问题的两个方面，因此，我们在单纯讨论词汇知识类型时，没有必要区分接受性词汇知识和生成性词汇知识。第二，Nation（2001, 2013）定义的词汇知识实际上包含了不同层级的词汇相关知识，词素层面上，如词部件；词层面上，如词的口语、书面形式、词的概念和指示；短语层面上，如词的搭配；句子层面上，如语法。这一定义很好地概括了与词汇识别和使用相关的知识，也充分反映了拼音语言词汇有内部曲折变化的特点。第三，各种词汇知识获得的渠道也不相同。有的需要有意识的学习，如词的形式；有的则需要大量语言接触，在语境中逐渐获得，如词的搭配、频率等。这就要求我们进一步探寻词汇习得的方法。

2.1.3 词汇习得的方法

根据习得途径的不同，词汇习得一般被分为两种：有意识的词汇习得（intentional vocabulary learning）和伴随性词汇习得（incidental vocabulary learning）。"伴随性词汇习得是指在任何一种不以词汇学习为外在目的的学习活动中发生的词汇习得，这种词汇习得是学习活动的副产品。而有意识的词汇习得则指任何一种以记忆此条信息为目的的学习活动。"（Hulstijn 2001: 271）伴随性习得一般是通过大量的阅读或语言输入实现的，学习者习得词汇时的注意力不在词汇形式本身，而在言语所传递的信息上。有意识的词汇习得是学习者的注意力直接在词汇上，通过词汇练习活动或背诵词汇表等方式直接进行。因此，学习者的注意力和学习任务形式是区分二者的关键。

较早期的伴随性习得理论认为，"语言学习作为一种教师或课堂中其他人语言使用的副产品，不应把注意力放在语言形式本身，也不应把它当作教学的动因"（Wode 1997: 245）。就词汇习得而言，大量的词汇并非通过生词表或查字典，而是"伴随"着阅读发生的（Krashen 1989）。Ellis（1994）指出，学习者在反复的语言接触中，为了理解语言片断的意义，就会无意识地学习到新词。他比较了听力输入和阅读输入两种方式后提出，书面形式可以让学习者有充分的时间来研究上下文线索，进行词义推测，这种推测会延长词汇在大脑中的记忆。因此，阅读是 L2 学习者习得词汇的最佳方式（Ellis 1994）。当学习者越来越多地接触新词时，他们对这些词的理解就会越来越深入（Huckin & Coady 1999）。不难看出，这种认识是把伴随性学习看作完全无意识的内隐学习，具有很明显的行为主义倾向，忽略了学习者的主动性。

另一种观点认为，伴随性词汇学习不是偶然的，而是学习者注意到新词，再努力明白其意义的结果（Paribakht & Wesche 1999, Ellis & He 1999）。这种认识实际上是目前比较流行的以意义为基础（based on meaning）的学习理论。也就是说，学习者在理解语言材料时注意到语言形式，语言形式和特征在使用中被习得，而不是外显地直接学习。

从习得的途径看，在 L2 课堂条件下，口语和书面语输入均可以带来伴随性词汇习得（Paribakht & Wesche 1999）。Pulido（2003）研究了视听课上的伴随性词汇习得，发现与主题相关的词以及教师重点讲解的内容最容易被学习者掌握。Lawson 和 Hogben（1996）认为"成功的学习者不但会分析和演练新词和它的意义，也能理解并在意义网络里建立深层意义"（Lawson & Hogben 1996: 104）。在阅读输入（如 Swanborn & de Glopper 2002, Pulido 2003，转自 Read 2004）、听力输入（如 Vidal 2003，转自 Read 2004）条件下的伴随性词汇习得的研究热潮一直持续至今。

但是，由于伴随性词汇习得需要学习者自行猜测新词的意义，这种习得的可靠度引起了学者们的怀疑。Nassaji（2003）发现，在被试进行的 199 个词义猜测中，只有 51 个（25.6%）是正确的。这与 Bensoussan 和 Laufer（1984）得到的 24% 非常相近。此外，伴随性词汇习得的效率也受到质疑。Vidal（2003）分析发现，西班牙的大学学生从 14—15 分钟的讲话中仅学到很少的词汇知识，所谓的进步，也只是学习者从完全不知道到承认听到过这个词。4—8 周以后，连这小小的进步也只剩下50%。另一研究中，学习者连续七天每天听 12 分钟新闻以后，仅学会了 40 个目标词中的 2 个（5%）（Al-Homoud 2007）。阅读中伴随性词汇习得研究也发现，每 12 个词里仅约有 1 个被习得（Horst, Cobb & Meara 1998）。

由于伴随性词汇习得的准确性和效率问题，学者们开始倾向于直接词汇习得研究。Laufer（2005）在回顾了一系列直接词汇习得研究后，报告了三个自己比较实验，结果显示，直接词汇学习的即时后测中，学习者能够认识达 70% 的新词，尽管这一数据两周后降至 21%—41%，但还是远远高于伴随性词汇习得成果。因此，即使是比较新潮的单纯以意义为基础的学习范式，也不适合词汇习得（Schmitt 2008）。

Elgort（2011）利用 48 个假词进行有意识词汇习得实验，结果证明：有意识的词汇习得能够帮助学习者掌握词汇的表征和功能知识。

我们认为，伴随性习得和有意识的习得都是行之有效的词汇习得方法。关键在于针对不同的词汇知识，选择不同的习得方法。词汇知识是动态发展的，也是多面的，应该根据习得的阶段性和不同词汇知识的特点，辩证地使用这两种词汇习得方法。

2.1.4　词汇习得发展阶段

Hatch 和 Brown（1995）提出，当学习者遇到一个新词，他首先学习形式、理解意义。然后，巩固形式和意义的记忆，最后在语言中使用。这一说法把词汇习得看作是一系列阶段，通过不断的语言接触，学习者逐渐建立起词汇的心理表征，意义特征，网络联系和句法限制（Paribakht & Wesche 1999），逐步认知、使用新词。

词汇习得也被看作一个回旋递增的过程。在这个过程中，不同层面的词汇知识（词汇意义、音、搭配使用等）在语言交际使用中不断增强，知识和使用知识的能力螺旋上升（Gass 1999）。Henriksen（1999）提出，L2 词汇习得是一个不断扩大的体系，不同的词在同一时间存在于不同的连续体上。词汇习得的过程就是把新的词条信息融入已有的框架中去。

Aitchison（2003）提出，L2 词汇习得过程就是标记、合并和建立网络的过程。Nation（2001）指出，学习者的 L1 知识和他的认知发展水平给 L2 词汇学习过程增加了一个纬度。如果 L2 词汇在语法、搭配或语音上与学习者的 L1 相近，那么学习者会觉得这个词比较容易学习。另外，儿童的学习实际上是理解周围世界和建立标记的过程，而当成年学习者要面对大量的新词时，他对这些新词指代的概念并不陌生。这是建立成人的 L2 词汇学习模式应该考虑的因素。

Jiang（2000）提出了具体的 L2 词汇表征发展阶段模型假说。他明确指出词汇发展要经历三个阶段，并提出了僵化问题。即学习者的词汇习得发展到一定阶段会出现停滞现象。Jiang 从心理语言学的角度，为 L2 词汇习得发展研究提供了一个新的思路。

词汇发展问题涉及学习者词汇习得的内在机制，是词汇习得研究的核心，也是

L2 词汇习得研究比较薄弱的环节（Meara 1997），还有待进一步的研究。

2.1.5 第二语言词汇教学

L2 词汇习得的理论研究也反映在对词汇教学方法的讨论上。单纯的形式教学，或者叫语言规则教学（Foncus on Forms， 简称"FonFs"）已经被认为是过时的教学方法，普遍受到排斥（Laufer 2005a）。伴随性学习理论的内在假设是，只要给学习者提供足够的可理解输入，L2 词汇的习得自然就能完成。然而实际上，单纯依靠可理解输入，学习者也不能达到很高的习得水平。研究者们认为，有效的词汇教学是要使学习者在交际活动中注意到词汇形式（Long 1991, DeKeyser 1998, Norris et al. 2000, Elllis 2002），即"关注形式的教学"（Foncus on Forms，简称"FonF"）。基于输入假说（Krashen 1985）理论，学习者必须在输入时注意语言形式及其承载的意义（Schmidt 1990/1994），才能将输入的知识内化。由于人脑加工能力的限制，在交际活动中，学习者会自然地忽略形式特征，把有限的精力放在意义上（Van Patten 1990）。所以，教师在教学中要特别引导学生注意形式特征。Ellis（2001， 转自 Laufer 2005a）认为，在 FonFs 教学中，学生把自己看作是学习者，而把语言看作是学习对象。而在 FonF 教学中，学生把自己看作是语言使用者，语言则是用于交际的工具。FonF 这种以意义为中心的词汇形式教学一时间倍受推崇（DeKeyser 1998）。

然而，Laufer（2005）实验比较了三种词汇教学法的效果，结果显示，在某些方面，FonFs 的教学效果要好于 FonF。Laufer 认为，由于词汇知识是多层面的，单纯的 FonF 教学方式无法满足学习者对词汇深层知识的需求，FonFs 是词汇教学有益的补充。这两种教学方法无论是否涉及交际任务，都在学习者词汇知识的构建中起重要的作用。Laufer 进一步提出了 L2 词汇教学框架，见图 2-1。

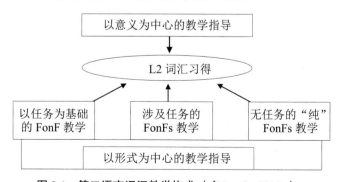

图 2-1 第二语言词汇教学构成（自 Laufer 2005a）

这一教学框架整合了不同词汇教学流派，对我们思考词汇教学的方向和原则都很有指导意义。但是，现有的框架还不能充分反映词汇知识的多面性和词汇发展的动态特征。如何利用词汇习得研究成果，在不同习得阶段针对不同词汇知识进行有效的教学，还有待新的研究讨论。

2.2　心理语言学的第二语言词汇研究

目前，心理语言学的第二语言词汇研究主要集中在双语心理词典研究和第二语言词汇心理表征研究两个方面。

2.2.1　第二语言心理词典研究

2.2.1.1　第二语言心理词典组织方式

L2 心理词典的组织方式研究主要通过词汇联想测试（word association tests），考察 L2 内部词与词之间的联结关系，通过与 L1 使用者心理词典的比较，发现 L2 心理词典的特点。

早期的心理词典研究普遍认为，L2 学习者的心理词典与 L1 使用者的心理词典有本质上的不同。"很少有证据显示 L2 使用者的心理词典与 L1 使用者的心理词典相同"（Channell 1990: 29）。Meara（1982b, 1984）在总结了 Birkbeck 词汇项目（Birkbeck Vocabulary Project）词汇联想测试后指出："我们有很好的理由相信，学习者的心理词典与 L1 有很大差异。"（1984：231）。这些差异包括：① L2 词与词之间的联结不如 L1 使用者稳定；②语音在 L2 词汇联结中的主导作用比在 L1 中高；③ L2 词与词之间的语义联结与 L1 词之间的语义联结具有系统性差异。总体上说，支持这一观点的学者们认为，L2 心理词典与 L1 心理词典的主导方式不同，前者是语音主导，而后者是语义主导。

但是，这一观点很快就受到了质疑。Maréchal（1995）实验发现，无论是 L1 还是 L2，被试的产出词汇绝大多数是语义反应。L1 和 L2 的纯语音反应分别只占 0.2% 和 3%。O'Gorman（1996）考察了母语为粤语的英语学习者，发现纯语音反应只占 5%，所有反应词中，只有 health-wealth 是语音反应。在随后进行的一项针对法语、英语、意大利语和西班牙语母语使用者的历时调查中，Singleton（1999）发现，实验反应词既有语言联系，也有语义联系，但是纯粹的语音反应非常少，仅占4%。而且为低频罕见词。这些研究推翻了早期 L1 心理词典与 L2 心理词典有本质不同的论断，认为二者都是语义主导的，并没有本质区别。

在两种不同观点的争论中，出现了第三种观点：L1 心理词典和 L2 心理词典并非完全不同，也并非完全相同。由于 L2 词汇习得处于不断的发展变化之中，所以学习者的心理词典受到学习者的习得水平、词频和对词汇的熟悉程度等因素的影响。

Piper 和 Leicester（1980，转引自 Wolter 2001）对三组被试进行了词汇联想测试：日本高级水平英语学习者、日本初级水平英语学习者和日本英语母语使用者。结果发现，日本英语母语使用者的聚合反应（paradigmatic response）最多，其次是日本高级水平英语学习者，日本初级水平英语学习者聚合反应最少。Söderman（1993）考察了四组不同水平的芬兰语和瑞典语背景的英语学习者。实验证实，随着习得水平的提高，词汇联想聚合反应数量呈上升趋势，语音和无关反应（clang response）数量明显下降。但是，初级水平学习者也有相当的聚合反应，而高级学习者也有语音和无关反应，这可能与个体词的习得进程有关。Söderman 进一步比较了芬兰语和瑞典语背景的英语学习者中高级水平学习者和母语使用者对高频词和低频形容词的联想反应，结果发现差异并不显著。此外，两组被试都出现一些无关反应。这说明，虽然个体词的发展进程不同，但总体趋势都是逐渐接近母语使用者的心理词汇的组织方式。

Wolter（2001）进一步提出了"个体词汇熟悉度模型"（Depth of Individual Word Knowledge Model）和"心理词典的发展模型"（Developmental Model for the Mental Lexicon），从词汇个体和整体发展两个维度对 L2 心理词典组织方式的变化做出解释。Wolter 比较了日语背景的英语学习者和英语母语使用者对不同词频条件下实验词汇的反应类型。实验结果表明，对于不熟悉的词，两组被试都出现了许多无关反应；对于中等熟悉的词，非母语组的语音反应比例较高；对于非常熟悉的词，两组被试的反应无显著差异，但是母语组聚合反应大于组合反应，非母语组则相反。Wolter 就此得出结论：虽然 L1 和 L2 心理词汇有很多共同之处，但是由于个体词汇熟悉度的不同，词汇反应呈现的系统性也不同，二者就会出现许多差异。

综上所述，L2 心理词典与 L1 心理词典并没有本质上的不同，随着习得水平的提高，学习者对个体词汇的认知不断加深，L2 心理词典会逐渐与 L1 心理词典趋同。

2.2.1.2 双语词典的关系模型

（1）早期模型

两种语言心理词典的储存方式和关系也是心理学双语词汇研究的核心问题。Weinreich 早在 1953 年就提出了双语者的两种语言词汇系统可能存在的三种关系类型：并列型（coordinate），复合型（compound）和从属型（subordinative）。并列型表示两种语言的概念系表征独立；复合型表示两种语言共享一个概念系统；从属型表示 L2 词汇的意义要通过其 L1 对译词建立，见图 2-2。

并列型　　　　　　　复合型　　　　　　　从属型

图 2-2　两种语言心理词典的三种关系类型

Weinreich 的这种关系类型的划分奠定了双语词典关系模式研究的基础。随后，Kolers（1963）提出"独立表征"或"共同表征"两种方式，进一步改变了双语关系研究的焦点（Wilson 1999）。根据"独立表征"假说，双语者有两套系统分别储存 L1 和 L2，一个系统内的信息不能用于另一个系统（Blekher 2000, Watkins et al. 1983, Kirsner et al. 1980/1984, Scarborough et al. 1984, Stone et al. 2000）。"共同表征"假说则认为，L1 和 L2 储存在一起，两种语言信息相互作用（如 Meyer et al. 1974, Kirsner et al.1984, Schwanenflugel et al. 1986）。

较早期的实验研究对双语词汇组织大致形成了两种观点：一种认为两种语言的词汇是分别储存的；另一种意见认为两种语言词典储存在一个共同的记忆结构之中。

20 世纪 80 年代，Potter 等人（Potter et al. 1984）根据图片命名和词汇翻译实验，提出了两种有影响力的对立模型："词汇联结模型"（the word association）和"概念中介模型"（the concept mediation model）。前者认为双语词汇在形式特征上直接联结，L2 词汇与概念的联结要经过 L1 词。后者认为双语词汇在形式特征上没有直接的联系，需通过共享的概念来中介，见图 2-3。

词汇联结模型 概念中介模型

图 2-3 两种对立双语词典关系模型

（2）模型的修正

随着实证研究的增加，越来越多的研究者认为，两种语言的心理词典是否独立储存，取决于词汇表征的不同层面（如 Jin 1990, Potter et al. 1984）。比如，在形式特征上，两种语言是独立表征的，而在共有的概念层面，则是相互联结的（Kroll & Stewart 1990, Potter et al. 1984）。于是，20 世纪 90 年代学者们转而研究影响双语模型的因素，比如词型效应（如 Paivio 1991, De Groot & Nas 1991）、双语者 L2 习得水平（如 Kroll & Sholl 1992）等。Zhang 等以汉英双语者为被试，进行了掩蔽语义启动实验，实验发现了语言内的启动效应，未发现语言间的启动效应，他们认为，由于英汉两种语言在词汇形态差异很大，因而它们的语义是独立表征的（Zhang et al. 1994）。

通过图片命名和翻译任务实验，研究者们发现，学习者从 L2-L1 的提取速度快于从 L1-L2。这种非对称性是由于提取路径的不同造成的。这说明，L1-L2 需要通过概念中介，L2-L1 则不涉及概念，仅在词汇层面上进行转换（Kroll & Sholl 1992, Kroll & Stewart 1990/1994）。因此，L2-L1 间的词汇联系强于 L1-L2 之间的联系。L2-L1 方向的词汇加工更快也更准确。在此基础上，Kroll 和 Stewart （1990）提出了一个新的"修正的等级模型"（the Revised Hierarchical Model, RHM），见图 2-4。

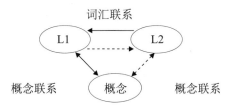

图 2-4 修正的等级模型（RHM）

RHM 模型是早期词汇联结模型和概念中介模型的进一步发展。从这个模型我们可以看出，两种语言间存在着共享的概念表征，但共享的概念表征与 L1 词汇和 L2

词汇的联结强度并不等价。在习得初期，L2 词汇比较依赖 L1 词汇，L1 词是 L2 和概念/意义之间的中介。概念与 L1 词之间的联结强于概念与 L2 词之间的联结。随着习得水平的提高，双语者不仅能够通过 L2 词汇直接提取概念，也能通过共享的概念从 L1 词提取 L2 词汇。RHM 模型反映出语言水平条件下，两种语言从词汇联结到概念中介的动态变化，更具全面性和灵活性。

RHM 模型一经提出，就受到了广泛的支持。随后进行的翻译实验（如 de Groot, Dannenburg & Van Hell 1994; Sholl, Sankaranarayanan & Kroll 1995）、跨语言启动实验（Fox 1996, Keatly, Spinks & De Gelder 1994）、跨语言掩蔽启动实验（如 Gollan, Forster & Frost 1997; Jiang 1998）等都成为这一模型的有力证据。学者们对这一模型的验证和讨论热情一直延续到近期（如 Costa, Caramazza & Sebastián-Gallés 2000; Kroll, Michael, Tokowicz & Dufour 2002）。

为了进一步解释实验中发现的词类效应，de Groot（1992）提出一种新的模型，"概念特征分布模型"（distributed conceptual feature model）。模型假设，L2 和 L1 对译词共享一部分概念特征，而且不同类型的 L2 词汇与其 L1 对译词共享的概念节点数量也不相同。比如，具体词与其 L1 对译词共享的概念，要多于抽象词与其 L1 对译词共享的概念。一组分布概念特征的组合就构成了词义，如图 2-5。

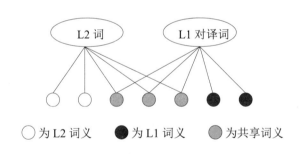

图 2-5　概念特征分布模型

综观以上几种模型，第一，学者们虽然对两种语言的心理词典储存方式的认识有所不同，但是多数模型都是在基于对双语词典意义和概念共享的理解上建立起来的。也就是说，无论两种心理词典的关系如何，其最终通达的概念和意义是共通的。第二，尽管路径和方式各不相同，但是所有的模型都表明：L1 心理词典对 L2 心理词典有必然的影响作用。第三，词汇语义是心理词典的核心问题。不同的心理词典关系模型都集中反映了对形式和意义联结关系的关注，并且反应出对 L2 形式和意义的联结和映射路径的不同认识。大体上看，主要有以下几种观点：一是 L2 形式映射到 L1 对译词形式上，如词汇联结模型；二是 L2 形式映射到 L1 对译词语义上；三是 L2 形式映射到 L2 语义上。第四，心理词典研究与表征研究密不可分。两种语言心理词典的储存方式，取决于表征的不同层面。因此，我们还需要进一步了解 L2 词汇表征的特征。

2.2.2 第二语言词汇心理表征研究

2.2.2.1 词汇心理表征的构成和发展

词汇表征的构成是指掌握词汇所需要具备的词汇知识。乔姆斯基（1995）指出，词汇知识包括每个词的音位形式、句法特征和语义特征。Levelt（1989）在词汇加工研究中提出了四种词汇知识类型：语义知识、句法知识、形式（发音/书写）特征和词素知识。这四种知识就组成了词汇表征结构（见 1.2.1 节图 1-1）。这四种词汇知识可以分为成两个层面：词目层（lemma）和词位层（lexeme）。词目层包括一个词的语义和句法信息，词位层包括语素和形式信息（Garrett 1975, Levelt 1989）。

根据 Levelt 的词汇心理表征模型，Jiang（2000）提出了 L2 词汇发展的心理语言学模式。他认为，L2 词汇发展要经历三个阶段。第一个阶段是词汇发展的形式阶段。这一阶段的词汇习得主要是 L2 词汇的形式特征，不涉及 L2 的词素、语义和句法知识。新词的形式通过与 L1 对译词的联结获取词汇知识。学习者必须激活 L1 词汇表征，才能获得词目信息。所以，这一阶段的 L2 词汇表征结构内没有词目信息，或者说是"空词目"表征。第二阶段是 L1 词目中介阶段。由于 L2 新词的词形与 L1 词目信息之间的联结不断加强，L1 词目信息被"复制"进 L2 词汇表征中。但是，表征词位层中还是没有词素知识。到了第三阶段，L2 词汇表征内建立起具有 L2 特点的词目信息和词素信息，表征发展完善。Jiang 指出，由于 L2 词汇习得的复杂性，大多数词汇的表征发展会停留在第二和第三阶段之间，形成僵化。

Jiang（2000）的词汇表征发展模型非常清楚地表明，双语者两种语言词汇心理表征共有一个意义和概念系统。这与前文所述的双语词典关系模型的认识基础是一致的。

认知神经心理学的最新研究也涉及了 L2 词汇表征和发展问题。根据联结主义理论，Li 等（2006）利用计算机进行人工神经网络模拟，在前人研究的基础上（Farkas et al. 2002, Li et al. 2004），设计了新的 DevLex 动态人工神经网络模型，该模型能够在一定程度上演示语言词汇学习和表征的动态自组织过程。在 DevLex 双语模型研究中，Li 等（2006）发现，如果 L2 学习起步早，神经网络还有很大可塑性，可以逐渐给 L2 词汇让出部分空间，进行神经结构的重组，最终建立两种语言各自独立的表征。如果 L2 学习起步晚，L1 表征结构已经比较稳固，L2 词汇表征就只能"寄生"于 L1 表征结构上。L1 表征结构越稳固，神经网络的重组能力就越低，L2 词汇表征的系统性就越差。

这一模型模拟了语言词汇发展条件下的神经机制，从动态系统的角度反映了词汇表征的发展以及 L1 对 L2 的影响，在一定程度上解释了词汇发展的神经计算机制。但是，这一模型只能比较宏观地模拟两种语言词汇表征结构之间的关系。如前所述，词汇知识是多方面的，词汇的表征是词的形、音、义及句法功能等各种信息的整合体。目前的人工神经网络模型还不能系统地反映 L2 词汇的不同信息表征的发展情况，因此也无法解释 L2 词汇与 L1 词汇在这些层面的交互作用。

2.2.2.2 词汇心理表征的语义发展

如前所述，语义知识是词汇表征的核心内容。因此，语义知识的发展也就是心理语言学讨论词汇表征发展的中心问题。由于 L2 词汇习得会受到 L1 的影响，而两种语言词汇不可能在语义上完全重合，那么在 L1 概念或翻译基础上建立的 L2 词汇语义表征，只能保证在一定程度上正确使用。所以，L2 词汇语义表征的发展往往涉及 L1 语义迁移后的再构建（如 Hudson 1989, Sonaiya 1991）。关键问题是：成年 L2 学习者能够在多大程度上完成这种语义重构？他们最终能否达到母语使用者的水平？针对这个问题，目前有两种相对的观点。

一种观点认为，通过不断的语言接触，学习者能够构建新的 L2 语义概念（Blum & Levenston 1978, Strick 1980, Ringbom 1983, Giacobbe1992）。另一种观点是，由于两种语言共用一个概念体系，这种重构非常缓慢，并且大多数都不能完成（Dufour & Kroll 1995）。这一观点也反映在词汇发展僵化问题的讨论上（如 Weinreich 1953, Selinker & Lakshmanan 1992）。

Jiang（2000）指出，如果一个 L2 词汇建立在 L1 对译词的语义上，这个 L1 对译词就变成这个 L2 词汇的使用中介。多数情况下，由于 L2 词汇和 L1 对译词的核心意义是一样的，学习者可以利用迁移过来的词汇语义，进行正确的词汇识别和加工。

甚至当迁移的语义导致偏误出现时，只要不影响交际的正常进行，学习者也可能不会注意到。这样一来，L2 词汇和 L1 词汇迁移过来的语义之间的联结就被不断加强。只有当迁移的 L1 语义与特定的语境要求发生冲突，导致交际失败的时候，才可能发生语义的有效重构。Jiang（2004）把这一阶段称为 L2 词汇语义的"发展阶段"。"发展阶段"之前是"理解阶段"。他认为，在理解阶段，学习者的主要任务是在已有的语义系统上理解一个新词的核心意义，或者说在已有的概念网络上构建新的词形，以建立初级的形式和意义之间的映射。到了发展阶段，学习者将在不同的语境中检测最初建立的语义概念。结果有两种：一是加强最初建立的形义联结；二是对最初的联结进行修正调整。而多数词很难完成这一过程。

2.2.3　小　　结

心理语言学领域的 L2 词汇研究给 L2 词汇习得研究提供了更为科学的研究方法和研究思路。但是，目前的研究多集中探讨词汇心理加工特征。词汇的表征研究一直没有受到足够的重视（Jiang 2000）。其实，表征研究和加工过程研究是联系很紧密的两个方面（Levelt 1989），缺少任何一个，研究都是不完整的。到目前为止，双语心理词典研究最多的是词汇在概念语义层的联结关系，对词汇表征知识的其他内容很少涉及。另外，由于该领域主要关心的问题是学习者在 L2 词汇习得时的心理特征和心理机制，对词汇习得发展过程、词汇习得与习得水平之间的关系讨论得比较少，双语心理词汇表征与 L2 词汇发展之间的关系研究不足。只有零星的几个文献有所涉及（如 Talamas et al. 1999, Jiang 2000, Kroll et al. 2001, Pavlenko 2009）。如何把心理语言学研究与 L2 习得研究相结合，将是我们努力的方向。

2.3　汉语作为第二语言的词汇研究

2.3.1　汉语作为第二语言的词汇偏误研究

偏误分析理论引进较早，也是我国学者比较熟悉的习得研究方法之一，鲁健骥（1987）指出，外国人的中介语系统中词语偏误是大量的。根据偏误产生的原因，他把偏误现象分为四种：①母语和目的语种词义上的交叉造成的偏误；②两种语言中对应词搭配关系不同造成的偏误；③语义对应的词汇由于用法不同造成的偏误；

④对应词语在感情色彩、语体色彩、使用场合等方面的差异造成的偏误。

不同词汇类别的偏误分析非常丰富。不同词类如方位词（李清华 1980，吕兆格 2005）、动词（居红 1992，戴国华 2000）、虚词（李晓琪 1995，徐丽华 2002）；特殊类别如关联词（郑亨奎 2001，徐丽华 2001，李晓琪 2002，王振来 2005）；成语（张永芳 1999，王若江 2001）；进入特定结构的词语（崔永华 2003，李华 2005）；另外还有个别词语如"女人"的偏误分析（姜自霞 2005）。偏误讨论大都集中在日、韩学习者（如郑亨奎 2001；施文志 2003；高箬远 2004；全香兰 2004、2006 等）。

从方法上看，近几年也出现了利用语料库分析数据讨论偏误现象的研究（如李晓琪 2002；邢红兵 2004；袁毓林 2005）。

邢红兵（2003）对"汉语中介语语料库系统"词表中出现的全部 520 条偏误合成词进行了穷尽分析，将偏误合成词分为 5 大类 17 小类，在此基础上对偏误合成词的错误类型进行分析。通过进一步的统计分析，得出结论：留学生有比较明确的语素意识和结构意识，他们能够比较好地运用汉语的构词规律来生成合成词。

徐晓羽（2004）把 520 个偏误词制作成数据库，以半年为一个等级，分为九个等级，统计了不同等级留学生产生偏误词典结构类型及其所占的比例，结果发现偏正结构的偏误数量最多，占偏误词的 57.67%。

张博（2007a，2007b）把汉语中介语中的词汇偏误概括为词语误用、自造词语和径用母语词三种类型，其中词语误用最为普遍。词语误用心理根源在于词语混淆。频率较高、分布广泛的误用词与当用词为易混淆词。根据词语混淆的影响因素，归纳了汉语中介语易混淆词的主要类型，并分析了易混淆词一对一、一对多和多对多等不同关系类型，进一步提出了一系列针对易混淆词典具体研究方法，如数据库统计、特定语言任务诱导等。

高燕（2008）根据表现形式的不同，把学习者的词汇偏误分成了十七种类型，如汉外同形偏误、语义偏误、搭配偏误、语用偏误等等。从内因和外因的角度，对偏误产生的根源进行了分析。其中，偏误产生的内因包括母语和目的语的负迁移、简化、回避等。这一分析是从外在表现形式总结出来的学习者的语言学习策略，并没有真正涉及偏误产生的心理机制。

总之，从研究对象上看，目前的词汇偏误研究多集中在日韩等汉字文化圈的学习者。从研究方法上看，大多数研究都是沿着传统范式进行偏误分析。偏误研究与新型研究方法如数据库研究、心理语言学研究、认知研究结合较少。

2.3.2 汉语词汇习得研究

2.3.2.1 词汇知识

张和生（2006）通过抽样调查、定量研究和诊断性测试发现，中级以上汉语水平的外国学生普遍存在着汉语词汇量不足的问题。学习者进入汉语中级水平以后，词汇量扩展速度呈明显衰减趋势。另外，中级以上汉语水平的欧美学生已经具有了一定的语素意识。

冯丽萍（2003a）通过启动实验研究了中级汉语水平欧美留学生的中文词汇结构意识，结果表明，中级汉语水平的欧美学生在经过一定时间的汉语学习之后已具有中文合成词的词汇结构意识，无论是否有意识提取，词汇结构都作为一种潜在的因素存在于其心理词典的词汇表征系统中并影响其词汇加工方式。

在词汇知识与学习者语言能力的关系问题上，鹿士义（2001）做出了有益的探索。他通过实验探讨了汉语学习者认知型词汇与主动型词汇的习得情况，进一步讨论了二者与学习者综合语言能力的相互关系。他认为，词汇习得是一个发展的连续统，从语音辨认开始，渐次过渡到词语辨认，最后到词语的产出。研究表明，随着学习时间的增加，学习者的活用词汇与语言技能的相关也在增加。认知词汇与活用词汇的距离越大，学习者的语言技能就越差，随着时间的增加，二者之间的距离会逐渐缩小。所以，词汇知识增长有益于学习者综合语言能力的提高。

2.3.2.2 词汇表征和加工

冯丽萍（2003b）考察了非汉字背景留学生的中文词汇识别因素。实验研究发现，中级汉语水平的外国学生已经开始具有一定的词素意识，并将其运用于中文合成词识别中。她认为，留学生中文心理词典中存在着字形与词义之间的联接，词汇识别开始于对字形特征的提取，字形加工的结果被传递至意义层次，从而使整词得到识别。由于汉语是一种外语，因此在形表征层与意义表征层内各语言单元的信息存储以及二者之间的联接都是相当不稳定的。形表征层内形近单元之间存在着干扰，意义表征层中某些常用单元的意义也会对其他相关单元产生抑制。

冯丽萍等（2004）以自由和粘着两种不同性质、构词能力高和低的词素为材料，以不同母语背景的留学生为被试，采用实验方式考察了词素性质和构词能力对外国留学生中文词素识别的影响。结果显示：不同性质、不同构词能力的词素在韩国学生的词素识别中表现出不同的作用，其心理词典中中文词素意识已基本形成，而欧美留学生的中文词素意识则处于待发展过程中。

高立群等（2003）本书利用 Stroop 范式和颜色命名方法对日本留学生心理词典的表征结构进行了研究，考察了 L2 熟练度及母语和目的语相似性这两个因素对双语者心理词典表征结构的影响，并对三种心理词典表征结构模型（词汇联结模型、语义中介模型、多通路模型）进行了分析比较。

高立群等（2005）通过考察"同形"对汉语词汇加工的影响，讨论了日本留学生心理词典的表征结构。实验结果表明：词形和学习者的汉语水平都影响到心理词典表征结构以及词汇通达模式；不同汉语水平的学习者有不同的词汇加工策略和不同的心理词典结构；同一汉语水平的学习者加工不同类型的词时也有不同的加工策略。

孙晓明（2008）采用实验研究的方法，通过考察初、中、高三个水平汉语学习者理解性词汇和产出性词汇在不同等级的分布情况，证明了产出性词汇门槛的存在。研究进一步考察了词汇门槛产生的原因。从加工机制的角度看，学习者理解词汇时只需具备 L1 语义知识，而产出词汇时则必须具备 L2 的语义知识，二者在加工深度上也存在差异。

邢红兵（2016）从心理学实验研究角度讨论第二语言词汇习得，提出汉字心里词典表征模型。

2.3.2.3 词汇的认知和习得策略

徐子亮（1998）运用认知心理学的理论分析了学习者对汉语的认知过程，并试图按照认知规律来建立教学原则，指定教学方法和策略，希望在对外汉语教学的基础理论研究方面有所突破。认知神经心理学为探讨语言心理表征和加工理论提供了新途径，汉语作为 L1 的研究表明，词汇不同性质的信息在表征上相互独立，这些信息包括语义、语音和字形（舒华等 2003）。近年来研究者们对汉语 L2 词汇认知研究正在给予越来越多的关注。

陶文好（2000）通过认知语法的两个理论假设"典型意义概念"和"意象层次概念"提出：要重视掌握词汇的"典型意义"，它是认知深层意义的关键。

董明等（2002）根据巴普洛夫的两种信号系统学说，结合现代认知心理学的"组块理论"，提出在对外汉语教学的一篇课文中符合学习者词语记忆规律的词语教学量为 38 个。

刘颂浩（2001）调查分析了留学生在语境中猜测词义的策略。钱旭菁（2003）借鉴"伴随性学习"理论，实验研究考察了日本学生在阅读任务中的伴随性词汇学习过程，探讨了影响学习者伴随性词汇习得的因素。方艳（2005）讨论了留学生使用词汇语境的学习策略。

张博（2011）分析了二语学习中母语词义误推类型与特点，将词义误推分为"义位误推""义域误推"和"语义特征误推"三种类型，发现学习者通常是由非常用义向常用义推移，意义关系近、抽象度高的词容易发生词义误推。

沈禾玲（2015）采用定量和定性研究方法，调查了高级汉语学习者第一语言语义迁移在汉语二语词汇得中的作用。研究表明，高年级学习者在二语词汇运用过程中仍然十分依赖母语。他们大多使用直觉进行判断而较少使用其他策略，尤其不常使用那些需要依据二语语义、语法及语用知识来判断正确使用词语的策略。母语在词汇习得中仍起重要作业。

2.3.2.4 影响词汇习得的因素

钱旭菁（2003）研究表明，影响留学生通过文本阅读习得词汇的因素有学习者的语言水平、词汇量、词汇出现的次数及词语所处语境的特点等。

张金桥等（2005）采用对判断选项为正确选项可能性程度进行排序的实验方法，探讨了词形和词义因素在三种汉语水平留学生汉语词汇选择题选择判断中的作用。结果表明，词形和词义因素在留学生汉语词汇选择判断中起重要作用，其作用特点与留学生的汉语水平有一定关系。

江新（2005）探讨了非汉字圈学生汉语双字词学习中的频率效应。结果显示：整词的复现率影响双字词的学习效果；字的复现率影响双字词的学习，字的复现率越高，词的学习效果越好。

孙晓明（2005）认为，词汇重现率固然是影响词汇习得的重要因素，但从教材编写的角度来看，词汇重现率是有限的，低重现率又达不到词汇习得的效果。因此，她借鉴"投入量假说"（the involvement load hypothesis），通过实验研究探讨了词汇加工深度与词汇习得效果的关系。实验结果表明，学习者在实验任务中投入水平越高，词汇掌握得越好。换句话说，词汇加工的高投入可以带来更好的词汇记忆效果，而词汇重现率的作用是有限的。

江新等（2006）针对《汉语水平大纲》修订的需要，对外国学生汉语字词学习的影响因素进行了实验研究和语料统计研究，在此基础上对《汉语水平大纲》字词选择和分级提出了建议。

李冰（2011）采用纸笔测试的方法，考察了词形对日本学生词汇习得的影响，发现不同词形对学生习得词汇的正确率有显著影响。

2.3.2.5 小   结

汉语词汇习得研究是一个起步相对滞后的研究领域（王建勤 2006）。近些年由于受国外词汇研究热潮的影响，汉语词汇习得研究逐渐受到越来越多的关注，已经取得了长足的发展，研究成果斐然。第一，研究内容广泛，学者们从各自关心的领域进行了多方面的研究。但是，研究总体上比较零散，缺乏一个比较完整的理论框架，至今尚未建构起汉语作为 L2 习得理论体系（施家炜 2006）。第二，研究方法上越来越多地借鉴认知领域和心理语言学的研究范式和研究成果。但是，共时平面的"横向研究"较多，历时的"纵向研究"还比较薄弱。邢红兵（2009，2016）以联结主义为理论背景，提出第二语言词汇习得三个阶段：静态词义的转换学习、动态词汇知识的纠正学习、第二语言词汇知识自主表征。尝试建立一个动态理论框架，但并未就词汇知识表征发展过程做深入讨论。第三，研究与教学的结合研究不够，表现为在借鉴、吸收各种理论的同时，不够"平民化"，不易为对外汉语教学吸收利用。许多文献仅在研究论述的最后对教学稍稍讨论，并不能对教学提供实质性的指导帮助。

第三章 汉语词汇心理表征发展过程研究

Jiang（2000）提出 L2 词汇表征发展要经历三个阶段："词汇发展的形式阶段""L1 词目中介阶段""整合阶段"（详见 1.2 节）。我们将在本章对这一发展模型假说进行检验，考察其在汉语词汇习得中的适用程度。

3.1 研究一 L1 在汉语词汇认知中的作用

3.1.1 研究目的

通过检验 L1 对译词在汉语词汇语义提取中的中介作用，考察不同习得阶段 L1 在汉语词汇认知中的作用。

实验逻辑：如果 L2 通过与 L1 对译词联结的方式通达意义，那么在习得初级阶段，如果两个汉语词的英语对译词相同，学习者会认为它们的语义相关度较高；如果两个汉语词的英语对译词不同，学习者会认为它们的语义相关度较低。随着习得水平的提高，这两种汉语词汇的语义相关度差别会逐渐减小。

3.1.2 实验方法

实验设计：采用 3（被试的汉语水平）×2（词对类别）的双因素混合实验设计，其中被试水平为被试间变量，分为三个水平，即初级水平、中级水平和高级水平。词对类别为被试内变量，分为两个水平：对译词相同（以下简称"同译"）和对译词不同（以下简称"异译"）。因变量为被试对词对语义相关度的等级划分得分。

被试：加拿大滑铁卢大学和多伦多大学的汉语学习者 60 名。母语背景均为英语。年龄在 20—35 岁。其中三人兼通法语，两人兼通西班牙语，但英语均为其第一语言和生活用语。我们根据学习汉语的时间长短将被试分为初级、中级和高级三组，每组 20 人。初级组被试学习汉语 9 个月，中级组被试学习汉语 15 个月，高级组被试学习汉语 21 个月。三组被试分别来自滑铁卢大学汉语二年级 CHINA201、多伦多大学东亚系 EAS200Y1Y 和多伦多大学东亚系 EAS400Y1Y。以上三门课程均为两所大学的学分课程，学生需要通过统一考核入学。

实验材料：汉语近义词对 20 对。同译词对 10 对、异译词对 10 对。同译组中，每对汉语词的英语对译词相同，如：汉语近义词词对"老—旧"，其英语对译词均为 old；在异译组中，每对汉语词的英语对译词不相同，如：汉语近义词词对"主要—重要"，其英语对译词分别为 main-important。见表 3-1。由于所有测试词对均为近义词，为了避免学习者产生畏难情绪，我们从被试所学课文中选取了 5 对无关词汇，如"名字—昨天"。

表 3-1　研究 —— 实验词对示例

汉语近义词对	英语对译词
（ST 组）老—旧	old
（DT 组）主要—重要	main-important

为了避免学习者因为不认识而无法完成实验，所有测试用词均选自《汉语词汇与汉字等级大纲》甲级词。另外，为了避免无关因素干扰，我们给所有测试用词都标注了汉语拼音。

将 25 个词对随机排列，形成测试卷（见附录 1）。

实验程序：纸笔测试。限时 10 分钟。要求被试一遍完成，不能查阅字典或讨论。

测试方法：要求被试阅读词对，选出自己认为的每对词的语义相关程度。相关度用四点表来测量，语义相关度从高到低依次为：稍相似（vaguely similar）—相似（similar）—很相似（very similar）—几乎一样（nearly identical）。例如：

① vaguely similar

② similar

③ very similar

④ nearly identical

老（lǎo）—旧（jiù）　　　　　　　① —— ② —— ③ —— ④

主要（zhǔyào）—重要（zhòngyào）　① —— ② —— ③ —— ④

评分标准：选"几乎一样"计 4 分；"很相似"计 3 分；"相似"计 2 分；"稍相似"计 1 分。分值越高，表示学习者所判断的语义相关度越高。5 个无关词对不参与评分。

3.1.3 实验结果

我们用 SPSS 软件，对初级、中级和高级三组被试的语义相关度判断得分进行了方差分析。

方差分析表明，词对类别因素主效应显著，$F_{(1, 57)} = 30.723$，$P = 0.000$，即同译组的平均分值高于异译组。见表 3-2。这说明，学习者对汉语词对语义相关度的判断与词对的母语对译词相同与否关系密切。当对译词不同时，学习者认为对应的汉语词对语义相关度低，表明学习者区分对译词所对应的汉语词的语义差别困难较小；而对译词相同时，学习者认为对译词对应的汉语词的语义相关度高，表明学习者还不能区分相同对译词所对应的汉语词的语义差别。

表 3-2　研究 —— 实验结果描述性统计数据

	同译组	异译组
初级水平	32	26.6
中级水平	31.5	30.3
高级水平	31.45	30

被试间水平因素主效应不显著，$F_{(2, 38)} = 0.809$，$P = 0.450$。说明随着水平的提高，学习者对这两类词对语义相关度的判断没有显著变化。说明初、中、高三个水平的被试区分不同词对类型语义差别一直是学习者的难点，即在本研究考察的范围内，学习者区别不同词对类型的语义差别的能力并没有随着语言水平的提高而提高。

词汇对应类型和被试水平的交互作用显著。$F_{(1, 57)} = 7.695$，$P = 0.001$。

进一步简单效应检验表明，在初级水平上，两种词汇对应类型的差异非常显著，（$t_{0.05/2} = 5.467$，$p = 0.000$）。在中级和高级水平上，两种词汇对应类型的差异不显著（中级：$t_{0.05/2} = 1.629$，$p = 0.120$；高级：$t_{0.05/2} = 1.919$，$p = 0.070$）。这说明，在初级水平上，对译词相同与否显著影响了学习者语义相关度的判断。当两个汉语词的英语对译词相同时，学习者认为它们的语义相关度很高，而不能辨析两个汉语词的细微不同；当两个汉语词的英语对译词不同时，学习者认为它们的语义相关度较低，能够有效区分两个汉语词。这种差异的显著性在中级和高级阶段消失。

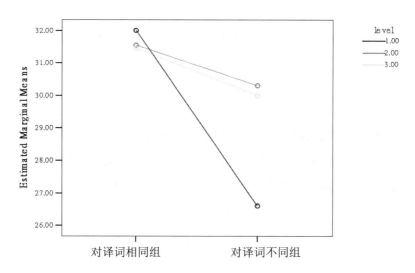

图 3-1 研究 —— 不同习得水平上两种对译词类型语义相关度的比较

统计结果说明：

第一，从词对类别上看，L1 对译词相同与否对学习者 L2 词的认知有很大影响。当两个 L2 词汇分别对应不同的 L1 对译词时，学习者倾向于把这两个 L2 词汇当作两个不同的词区分，认为它们的语义相关度较低；而当两个 L2 词形对应相同的 L1 对译词时，学习者则比较难区分这两个词的不同，认为它们的语义相关度较高。

第二，从被试汉语水平看，从初级阶段一直到高级阶段，两种词对的语义相关度判断没有显著变化，说明学习者区别两种词对类型的语义差异的能力没有显著变化。这在一定程度上表明，在汉语词汇习得过程中，语义的发展是一个缓慢的过程。

即使到了中、高级阶段，学习者对汉语词汇的认知仍然受到母语对译词的影响，词汇习得出现了僵化趋势。

第三，初级水平学习者对两种词对语义相关度判断的差异显著，同译组分值显著高于异译组分值。说明这一阶段学习者在汉语词的认知上非常依赖母语对译词。到了中高级阶段，对译词相同与否没有显著影响学习者对语义相关度的判断。这一阶段，对译词相同的词对语义相关度依然较高。由于习得水平的提高，学习者对汉语词汇的认知水平不断提高，即使一对汉语近义词的英语对译词不同，学习者也能够发现它们意义的相关性，做出相关性较高的判断。从这个角度看，母语对译词的中介作用似乎是逐渐减弱的。我们将对这一现象做进一步讨论。

3.1.4 讨 论

上述结论表明：

第一，L1 在汉语词汇的认知中有显著的中介作用。研究中我们发现，由于对译类型的不同，学习者对两种汉语词对的语义相关度划分差异很大。这说明，学习者需要通过 L1 对译词获得语义。换言之，学习者在词汇认知的过程中要建立汉语词与 L1 对译词之间的联结。实际上，L2 词与 L1 对译词之间的联结关系，学者们已经有了不少研究和结论（如 Kroll & Stewart 1990, Potter et al. 1984）。Potter 等提出的"词汇联结模型"（Potter et al. 1984）认为，双语词汇在形式特征上直接联结。问题是，L1 的中介作用，或者说 L1 的迁移作用是我们证实的现象，这种现象产生的内在机制应该如何解释？

根据 L2 词汇表征发展模型，在习得的初级阶段，L2 词条中形式特征如书写和发音信息最先进入词条表征，但是表征的语义部分空缺。由于学习者大脑中的概念和意义是伴随着 L1 词汇建立起来的，L1 的词形和概念意义之间早已高度整合。所以，新的 L2 词形必然要通过其 L1 对译词提取概念和意义。在初期的提取中，L1 对译词的词形是这个过程的中间环节，作用重大。因此，当学习者进行语义判断时，如果两个 L2 词的对译词相同，这两个词条就通过纽带联结了同一个 L1 词，激活了同一个意义概念。所以学习者会对这两个汉语词做出语义相关度较高的判断。而当两个 L2 词的对译词不同时，语义相关度就较低。

第二，随着习得水平的提高，L1 对译词的中介作用发生了变化。实验发现，初级水平被试两种词对相关度的评分差异显著，这种差异到了中高级阶段明显变小，被试对两种词对的评分差异不大。从一方面看，同译组相关度分值在三个水平上均高于异译组相关度分值，并且水平间差异很小，说明 L1 对译词的中介作用一直存在。从另一方面看，中、高级阶段，由于异译组相关度分值显著提高，因此两种词汇相关度分值差异变小。这是由于中、高级阶段学习者对汉语词汇的认知水平不断提高，即使一对汉语近义词的英语对译词不同（如主要—重要），学习者也能够直接地把它们的语义直接进行比较，发现其中的相关性，做出相关性较高的判断。从这个角度看，母语对译词的中介作用是逐渐减弱的。根据以上分析，我们似乎得出了两个相反的结论：一是 L1 对译词中介作用持续，二是 L1 对译词中介作用减弱。可以肯定的是，在 L2 词汇习得过程中，L1 对译词的中介作用的确发生了变化。但是，我们应该如何解释这一现象？

根据词汇表征发展模型假说（Jiang 2000），表征发展的第二阶段，也就是"L1词目中介阶段"，随着 L2 词与对译词词目信息之间的联结不断加强，L1 对译词词目信息进入 L2 表征，学习者建立起 L2 词形与 L1 对译词语义的直接联结。这似乎可以对我们以上两个相反的结论做出合理的解释。

如图 3-2 所示，到了中、高级阶段，英语对译词的语义信息进入汉语词表征。因此，在比较同译组汉语词对时，即使学习者已经建立起汉语词形与对译词语义的直接联结，但由于这两个汉语词形激活的是同一个英语对译词的语义特征，学习者还是很难区分这两个 L2 词的语义，依然倾向于认为它们的语义很相近，因此做出相关度较高的判断。需要指出的是，同译组词对无论处于表征发展的第一阶段还是第二阶段，都会造成相关度判断分值较高的结果，因此，单纯看同译组词对的相关度分值，我们还无法断定这些汉语词汇表征所处的发展阶段。

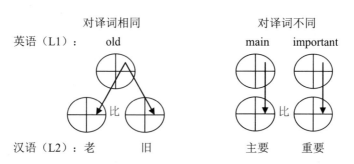

图 3-2 不同词对类别的语义映射比较（改编自 Jiang 2002）

中、高级水平学习者在比较异译组汉语词对时，由于英语对译词的语义信息进入汉语词表征，学习者能够避开英语对译词形不同的干扰，把两个对译词义进行直接比较。由于实验词对均为近义词对，本身在意义上就有一定的关联（如：永远——一直，老—旧），即使对译词形式不同，学习者也比较容易发现两个对译词义之间的意义关联，从而做出语义相关度较高的选择。因此，这一阶段的对译词类型因素不显著。也就是说，到了中、高级阶段，至少在异译组，汉语词汇通达意义和概念的主要途径已经不是 L1 对译词了，而是 L1 对译词的语义。这说明，随着习得水平的不断提高，L1 的中介作用并没有减弱，只是改变了中介的途径和方式。似乎正如一些学者所说，L1 与 L2 词汇之间的关联发生了变化，学习者从词—词之间的联结逐渐过渡，建立起词—义的直接联结（如 De Groot et al. 1995, Kroll et al. 1992, Al-Mansoor 2004）。

但是，以上分析只是我们根据 Jiang（2000）的模型假说对实验结果的一种解释。目前，我们的实验只能证明 L1 对译词的中介作用在中、高级阶段的确发生了变化，但是这种变化是否就像 Jiang 假说的那样，在词汇习得的第二阶段，L1 词目信息进入 L2 表征，L1 对译词语义与 L2 词的形式产生联结，L1 从形式中介转为语义中介？我们的实验中，被试用于判断相关度的语义到底是 L1 对译词义，还是在习得发展中建立的新的 L2 语义（De Groot et al. 1995, Kroll et al. 1992）？由于我们的实验材料均为近义词对，无论是汉语还是英语对译词，每组词对的意义都有很大程度的重叠性。因此，我们还无法回答这些问题，需要进一步的实验研究。

第三，学习者两种词对类型的语义认知存在差异。上述分析表明，由于学习者对异译组词汇认知水平的提高，两种词对的相关度判断差异减小，造成对译词类型因素不显著。因此，即使两种汉语词对处于相同的发展阶段（即词目中介阶段），由于异译组汉语词对激活的是不同的 L1 对译词语义信息，而同译汉语词对激活的是同一个 L1 对译词的语义信息，所以同译汉语词对依然容易产生混淆。因此，对学习者来说，同译组汉语词对语义的习得更困难，异译组汉语词对的语义习得相对容易。

L2 同译词汇习得研究是一个比较新的领域，西方学者大多从认知的角度，利用掩蔽启动实验发现同译启动效应（Finkbeiner 2002, Jiang 2002/2004）。实验证实，启动效应受到掩蔽词和目标词的语义重叠度的影响（De Groot et al. 1991, Frenck-Mestre et al. 1997, Grainger et al. 1998），从而从心理语言学的角度验证了语义迁移假说。在对外汉语教学界，同译汉语词汇也受到了一定程度的重视，郭志良早在 1988 年就指出："由于不同语言的语义系统不完全一致，因此……（学习者）有可能分辨不清（意义上接近而并非同义的词）。特别是有的词群在另一种语言中是同译词。"周琳（2007）对"中介语语料库"英语背景学习者语料中含有目标词的句子进行了穷尽分析，发现由同译方式引发的偏误占所有偏误的 71.4%。研究发现，"即使高级学习者也常常不加区分地换用同译词"（姜孟 王德春 2006）。因此，"同译词语是对外汉语教学的难点之一"（阎德早 1987），"具有相同译词的词群是对外汉语教学中应该进行词义辨析的对象"（郭志良 1988）。目前，汉语同译词研究主要集中在对外汉语教材生词表分析（王素云 1999）、同译词汇分类（苏英霞 2000，周琳 2007）和辨析（孟祥英 1997）、同译词作为易混淆词的分析（张妍 2006，张博 2007a、2007b），等等。不难看出，现有的研究成果大多从词汇学和教学的角度对同译词进行讨论和辨析，并没有涉及同译词汇认知发展的心理机制。我们的研究表明，词汇表征发展的阶段性特征是汉语同译词汇认知困难的内在机制。这一认识对于我们了解学习者汉语词汇发展特点，进一步帮助他们跨越同译汉语词汇的认知瓶颈是非常有意义的。

第四，高级阶段出现语义发展的僵化趋势。一方面，实验结果表明，从初级到高级阶段，两种词对相关度分值差异不显著，说明语义发展缓慢。另一方面，从实验结论看，L1 的持续中介作用也说明了语义发展缓慢。也就是说，对于高级阶段的学习者来说，L1 对译词相同的两个汉语词依然容易混淆，词汇表征语义部分的发展出现停滞。

在第二语言习得文献中，关于词汇习得的僵化研究并不多见。现有的词汇僵化研究主要集中在拼音语言的词素习得方面（如 Dulay & Burt 1974, Larsen-Freeman 1976, Krashen et al. 1978, Pica 1983）和动机对词汇发展的帮助（Lardiere 1998）。Long（1997）报告了一项历时 10 年的研究，证明了词汇偏误的僵化现象。值得一提的是，Gollan 等（Gollan et al. 1997）和 Jiang（1999）分别采用心理学掩蔽启动实验，证实了词汇的僵化现象。但是，由于研究角度的问题，他们的研究只证实了 L2 学习者词汇系统的表征水平停留在一个阶段，并没有对表征内部各部分内容做出具体的说明。关于表征中语义部分发展的僵化现象，Jiang 实验证实了语义迁移的稳固性（Jiang 2002, 2004）。我们的实验也证明，语义的发展非常缓慢。根据发展模型假说，在词汇发展的第二阶段，由于学习者在 L2 使用中不断地加强 L2 词与 L1 对译词义的联结，所以，L1 词的语义特征逐渐进入 L2 词条表征，占据了表征的语义部分，结果导致 L2 词代表的真正的意义和概念很难进入表征，习得就此发生僵化。如上文所述，目前的实验结果还不能清楚地描述这一具体过程，同样需要进一步实验研究。

3.1.5　小　　结

本研究整体考察了不同阶段 L1 对译词在汉语词汇认知中的作用，证实了 L1 的中介作用，并且发现，随着习得水平的提高，这一中介作用也发生了动态变化。由于 L1 中介形式的变化，导致不同对应类型汉语词汇的认知出现差异。同译组词对认知水平滞后。另外，汉语词汇的语义发展也是一个缓慢的过程，可能停滞在某一个阶段，形成僵化。研究结论支持 Jiang（2000）L2 词汇心理表征发展模型假说中关于 L1 中介的论断。

Jiang 本人也分别用不同母语背景的 ESL 被试重复实验，证实了 L1 对译词的中介作用（Jiang 2002, Jiang 2004）。但是由于他的实验中没有区分被试习得水平，因此无法反映词汇习得的动态变化过程。我们的实验弥补了这一缺失，发现了 L1 对译词中介作用在汉语词汇认知发展过程中的动态变化。但是，这一变化是否像模型假说中描述的那样，L1 形式中介转变为 L1 词目中介，L1 对译词语义特征进入 L2 词表征，并停留在那里形成僵化？为了进一步验证这些问题，我们设计了研究二。

3.2　研究二　L1 词目信息在汉语词汇认知中的作用

3.2.1　研究目的

检验中、高级阶段 L1 词目信息在汉语词汇认知中的作用，并进一步考察汉语词汇发展僵化现象。

实验逻辑：根据 L2 词汇表征模型发展假说（Jiang 2000），词汇发展的第二阶段是 "L1 词目中介" 阶段，L1 对译词的词目信息进入 L2 词条表征，与 L2 词形产生联结，L1 对译词的形式中介转变为 L1 词目中介。由于语义特征是词目信息的核心内容，我们假设，随着习得水平的提高，表征中汉语词的形式特征脱离与其 L1 对译词词形的联结，与 L1 语义特征建立直接联结。如果两个汉语词分别对应同一个 L1 对译词的不同义项，那么即使这两个汉语词的 L1 对译词形式相同，也不影响学习者对这两个汉语词的判断；如果两个汉语词对应同一个 L1 对译词的相同义项，那么即使在习得的较高水平，学习者也很难区分这两个汉语词。

3.2.2 实验方法

实验设计：采用 2（被试的汉语水平）× 2（汉语词对义项类别）双因素混合实验[1]。其中被试的汉语水平为被试间变量，分为两个水平：中级水平和高级水平。汉语词对义项类别为被试内变量，分为两个水平：L1 对译语义项相同（以下简称为"SM"）和 L1 对译词义项不同（以下简称为"DM"）。

被试：多伦多大学汉语学习者 30 名。母语背景均为英语。年龄在 20—35 岁。其中两人兼通法语，一人兼通西班牙语，但英语均为其第一语言和生活用语言。我们根据学习汉语的时间长短将被试分为中级和高级两组，每组 15 人。中级被试学习汉语 15 个月，高级被试学习汉语 21 个月。两组被试分别来自多伦多大学东亚系 EAS200Y1Y 班和多伦多大学东亚系 EAS400Y1Y 班。

实验材料：用于测试的词汇均选自《汉语水平词汇与汉字等级大纲》。从"大纲"甲级和乙级词中选取汉语近义词 20 对，分为两组（SM 组、DM 组），每组 10 对汉语近义词。所有词对经《剑桥高级英语词典》（*Cambridge Advanced Learner's Dictionary*[2]）检验，SM 组中，每对汉语词的英语对译词形相同，而且在英语中不区分义项（即 L1 对译词义项相同），如：愉快—幸福（对译词为 happy，英语中不区分愉快 / 幸福义项）；在 DM 组中，每对汉语词的英语对译词形相同，英语中区分不同义项（即 L1 对译词义项不同），如：知道—认识（对译词为 know，英语中区分知道 / 认识义项）。见表 3-3。

从《剑桥高级英语词典》中选取分别包含 20 个英语对译词的 20 个例句，将例句进行适当删改，以符合被试汉语阅读水平。将例句翻译成汉语句子，空缺测试目标词，并列出选项。

将 20 道题目随机排列，形成测试材料（见附录 2）。

---

[1] 本实验原始设计为 3×2 双因素实验，但是因为实验定义的初级水平学习者词汇量有限，大多数实验用词都不认识，无法完成实验任务，所以我们将实验改为 2×2 的双因素实验设计。

[2] Cambrige Dictionaries Online: http://dictionary.cambridge.org/.

表 3-3 研究二实验词对示例

汉语近义词对	英语对译词词形	英语义项
愉快—幸福 （SM 组）	happy	① feeling pleasure and contentment
知道—认识 （DM 组）	know	① to have information in the mind ② to have met and spoken to someone

实验程序： 纸笔测试，限时 10 分钟。要求被试一遍完成，不能查阅字典或讨论。

测试方法： 要求被试阅读英文句子，并选择适当的词填空来完成汉语翻译句。我们将英语对译词特别突出，并给备选项目标注汉语拼音，以避免无关因素的干扰。例如：

We **knew** each other a long time ago.

我们很早就 ＿＿＿ 了。

A. only 知道 (zhī dào) is appropriate

B. only 认识 (rèn shi) is appropriate

C. Both words are appropriate

D. Not sure

评分标准： 没有选出来或选错的得零分；选择正确的得 1 分。

3.2.3 实验结果

我们用 SPSS 软件，对中级和高级二组被试的词汇测试成绩进行了方差分析。

方差分析表明，对译词义项类别因素主效应显著。$F_{(1,28)} = 19.636$，$P = 0.000$。即 DM 组（义项不同组）与 SM 组（义项相同组）成绩差异显著。总体上说，DM组测试成绩显著好于 SM 组。见表 3-4。

表 3-4 研究二实验结果描述性统计数据

	义项不同组（DM）	义项相同组（SM）
中级水平	5.9	5.6
高级水平	7.8	5.8

被试汉语水平因素主效应不显著。$F_{(1,28)} = 3.763$，$P = 0.063$。也就是说，从中级水平到高级水平，被试的测试成绩没有实质性提高。

此外，对译词义项类别因素与汉语水平因素之间交互作用显著。$F_{(1, 28)} = 8.727$，$P = 0.006$。

进一步简单效应检验表明，对译词义项类别因素在中级水平上不显著（$t_{0.05/2} = -0.921$，$P = 0.373$），高级水平上非常显著（$t_{0.05/2} = -6.179$，$P = 0.000$）。也就是说，中级水平上，对译词义项类别相同与否没有给被试测试成绩带来显著变化；但是在高级水平上，DM 组的成绩明显高于 SM 组成绩。

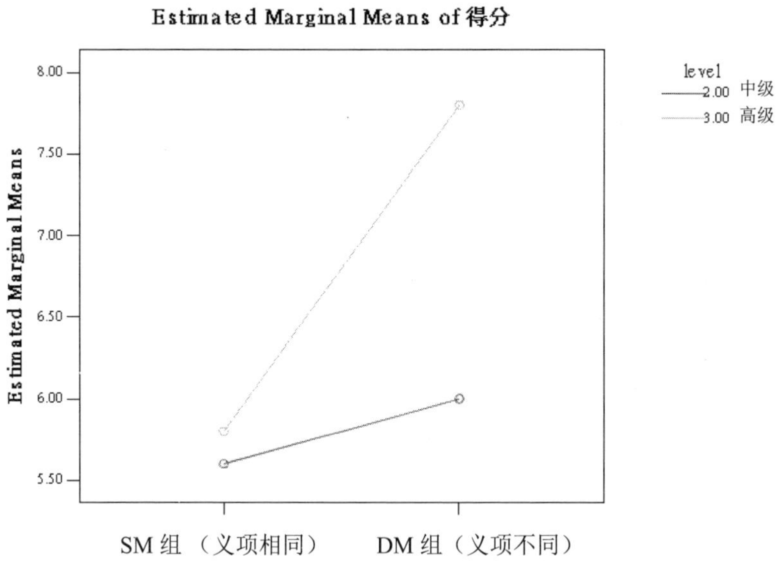

图 3-3　研究二两种义项类别测试成绩在中级水平与高级水平上的比较

这说明：

第一，从对译词义项类别上看，在 L1 对译词形式相同的情况下，被试对 L1 对译词义项不同的汉语词的认知要显著好于 L1 对译词义项相同的汉语词。如果两个汉语词分别对应同一个英语对译词的不同义项（如：知道—认识），被试能够较好地区分这两个汉语词；如果两个汉语词对应同一个英语对译词，而且这个英语对译词内部不区分义项（如：幸福—愉快），被试就比较难区分这两个汉语词。

第二，从习得水平上看，高级水平被试的成绩比中级水平被试的成绩有所提高，但不显著。说明从中级到高级阶段，学习者对 L1 对译词相同的汉语词汇的认知水平也在不断发展，但是这种发展是比较缓慢的。

第三，在中级阶段，对译词义项相同与否没有给汉语词的识别带来显著的差别，两种词对的测试成绩都比较低（见表 3-4）。说明在 L1 对译词相同的情况下，两种对译词义项类别的词对都比较难区分。也就是说，这一阶段，L1 对译词的形式中介作用依然显著，只要两个汉语词对应同一个 L1 对译词，学习者就比较难区分这两个汉语词的差别。

到了高级阶段，对译词义项不同的汉语词对成绩显著高于义项相同的词对成绩。这说明，首先，在对译词相同的情况下，如果两个汉语词分别对应不同的对译词义项，被试能够较好地区分这两个汉语词；如果两个汉语词对应同一个对译词义项，被试依然很难做出正确的判断，表明这一阶段学习者对汉语词的认知依然需要借助 L1 对译词进行，但是这时 L1 对译词的词形中介作用已经减退，中介作用由 L1 对译词的语义承担。其次，对译词义项类别造成两种汉语词对的认知出现差异，对译词义项不同的汉语词对的认知水平要高于对译词义项相同的汉语词对。

3.2.4　讨　论

上述结果表明，第一，汉语词汇表征发展到一定阶段，L1 词形的中介作用逐渐减弱。我们的实验用材料中，两种词对类型的共同点是，每对汉语词的英语对译词词形相同。不同的是一组对译词内部区分义项（如：老—旧）；另一组对译词内部不区分义项（如：愉快—幸福）。实验结果表明，在英语对译词词形相同的情况下，对译词内部区分义项和不区分义项对学习者汉语词的认知影响较大。如果两个汉语词对应同一个英语对译词形，但是这个英语对译词区分两个义项，分别对应这两个汉语词，学习者比较容易区分这两个汉语词的语义。如图 3-4a。如果两个汉语词对应同一个英语对译词形，而这个英语对译词内部没有区分不同义项，学习者很难区分这两个汉语词汇。如图 3-4b。这说明学习者能够忽略对译词形式相同这一事实，把两个义项进行直接的比较。此外，中级阶段两种义项类别的汉语词汇测试成绩差异不显著，在高级阶段变得非常显著，再次证实了 L1 对译词形式的中介作用逐渐减退。

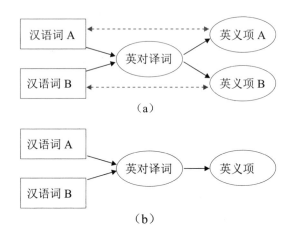

图 3-4　对译词区分义项与不区分义项条件下的汉英形义联结

　　根据词汇表征发展模型假说（Jiang 2000），在第二阶段，即"L1 词目中介阶段"，L1 对译词语义特征进入 L2 词汇表征，L2 词形式特征与 L1 对译词语义特征建立直接联结，L1 对译词词形中介作用逐渐消失。所以，如果 L1 对译词有两个义项，则这两个义项分别进入对应的汉语词汇表征，中高级阶段的学习者可以通过汉语词形直接激活对应 L 对译词的不同义项，而不会或者很少受到 L1 对译词形的干扰。所以比较容易区分这两个汉语词。如果两个汉语词对应同一个 L1 义项，则这两个汉语词形激活的是同一个 L1 义项，学习者仍然难以区分这两个汉语词汇。因此，我们的实验结果支持这一假说，证实在汉语词汇表征发展到中高级阶段，L1 对译词的中介作用依然显著，但是学习者对 L1 对译词词形的依赖减弱。

　　第二，L1 词目中介作用逐渐突出。如上所述，L1 词形中介作用减退的过程实际上也是 L1 词目中介作用增强的过程。由于 L2 词不断地通过激活 L1 对译词词条表征通达 L1 对译词词目层的语义特征，这种"汉语词形—（L1 对译词形式＋L1 对译词语义）"的联结被不断重复，L1 对译词形式逐渐退出，汉语词形与 L1 对译词语义建立直接的联结。这种词汇联结向意义联结模式的转换，在双语映射研究中已有讨论（如 De Groot et al. 1995, Kroll et al. 1992, Al-Mansoor 2004）。但是，事实是否真的像学者们所假设的那样，学习者逐渐超越了双语词汇加工的翻译阶段，能够脱离母语的影响，独立地提取 L2 词形和意义（如 Kirsner et al 1984, Keatley et al. 1994, Gollan et al. 1997, Al-Mansoor 2004）？

我们的研究表明，初级阶段汉语新词非常依赖 L1 对译词获得意义，对译词相同与否对学习者汉语词的语义判断影响显著。到了中、高级阶段，在对译词词形相同的情况下，义项类别的不同显著影响了学习者的成绩。这说明，随着习得水平的提高，学习者的确能够逐渐摆脱 L1 词形的影响，建立起汉语词形与某种语义的直接联结。但是，与汉语词形建立联结的语义并非学习者建立的新的汉语语义特征，而是 L1 对译词词目信息中的语义特征。因此，当两个汉语词共用同一个 L1 义项时，学习者大脑词汇表征中两个汉语词条的语义部分重叠，导致这两个 L2 词语义的混淆。如图 3-5。

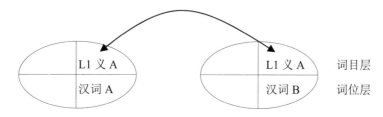

图 3-5　两个汉语词共用一个 L1 义项表征示意

第三，两种不同对译词义项类型的汉语词汇在认知上存在差异。本研究通过考察义项来说明 L1 对译词语义的中介作用，也就是词汇表征发展的 L1 词目中介阶段。统计结果显示，对译词义项类别因素与被试水平之间的交互作用显著，再次说明了两种汉语词对语义获得的差异性和阶段性。这一结论与研究一的结论是一致的。具体地说，这种差异体现在两种汉语词对语义发展进程、难易程度以及词汇习得速度上。

就对译词义项不同的词对而言，表征发展到词目中介阶段时，词汇加工的路径大大简化，学习者能够把进入表征的不同的 L1 对译词义项信息进行直接比较，因此能够发现词之间的意义差异。也就是说，这一阶段汉语词汇的加工是对义项水平的加工。与第一阶段在对译词水平上的加工相比，学习者对这类词汇的语义加工水平和认知水平都有了很大的提高。

就对译词义项相同的汉语词对而言，表征发展到第二阶段，进入两个汉语词条表征的是同一个 L1 义项信息，与第一阶段一样，学习者比较的依然是相同的 L1 对译词信息，因此仍旧难以区分汉语词之间的语义差别。也就是说，无论这类汉语词汇表征处于发展的第一阶段还是第二阶段，其语义加工的结果是一样的。所不同的是，由于在第二阶段 L1 义项信息与汉语词形建立了直接联结，语义加工的过程减少了

L1 形式的中间环节，加工的自动化程度提高（自动化问题，见 5.4.2 节讨论），加工速度也大大加快。目前，我们的实验手段还不能反映各习得阶段词汇加工的速度差异（见 5.5.1 节对研究方法的讨论），因此无法断言这类汉语词汇表征所处的发展阶段。但是可以肯定的是，无论这类汉语词汇加工的路径如何，无论加工是在对译词水平上还是在义项水平上，学习者对此类汉语词汇的认知都停留在习得的初级阶段。也就是说，词汇加工水平的提高没有带来词汇认知水平的提高。

综上所述，与对译词义项不同的汉语词汇相比，对译词义项相同的汉语词汇的习得难度要更大，因此习得速度也更慢。目前我们查阅到的中外文献中，还没有涉及对译词内部义项差异对 L2 词汇习得的影响的研究。我们的研究提示，虽然具有相同对译词的汉语词汇是习得的难点，但是随着习得水平的提高，对译词相同的汉语词汇习得发展也分成两种：一种是对译词内部区分义项的汉语词汇，学习者对这类词汇的习得速度较快，能够逐渐区分具有相同对译词形式的汉语词汇的语义差别；另一种是对译词内部不区分义项的汉语词汇，这类词汇是习得中的最难点，直到高级阶段，学习者依然难以区分语义差异。词汇表征发展的阶段性特征就是这类词汇习得困难的心理机制。理解这一机制对我们认识学习者词汇习得过程和特点、分阶段有计划地实施词汇教学很有意义。

第四，我们的实验再次证明，L2 的认知发展是一个缓慢的过程。从一方面看，直到高级阶段，学习者才能够摆脱 L1 对译词形的影响，直接进行义项的比较。也就是说，经过初级和中级阶段的不断发展，L1 词语义才逐渐进入汉语表征，占据 L2 词汇表征词目层的语义部分。从另一方面看，尽管 L1 的中介作用在高级阶段发生了变化，从形式中介转变为词目中介，但是汉语词的认知依然受到 L1 的影响。即使到了高级阶段，L1 对译词仍然在 L2 的识别和使用中发挥中介作用。学习者汉语词汇表征发展出现了僵化趋势。

综上所述，虽然我们的研究结论支持 Jiang（2000）的 L2 词汇表征发展模型假说，证实了汉语词汇表征发展也需要经历"形式阶段"和"L1 词目中介"两个阶段，但是需要特别指出的是，从"形式阶段"到"L1 词目中介阶段"是一个比较漫长的过程，我们的学习者在高级阶段才能完成这一转变。另外，L1 的中介作用也一直持续到高级阶段，至少在表征词目层，我们观察到的语义发展非常缓慢。

实际上，不少研究已经证实，L2 词汇的语义发展的确是一个非常缓慢的过程，而且常常并不成功（Jiang 2004）。一项历时的词汇习得研究发现，经过一年的习得，学习者大部分的意义知觉没有提高，还停留在原来的水平上（Schmitt 1998）。高级水平的学习者也会因为意义理解问题出现常用词汇偏误（如 Lennon 1991, Singleton 1999, Sonaiya 1991）。另一项历时研究表明，高级水平 L2 学习者在产出性词汇上的进步很小（Laufer 1991/1998）。甚至儿童习得 L2 在语义发展上也比儿童习得母语缓慢（Verhallen & Schoonen 1993），他们的词汇偏误证实，习得 L2 与习得母语拥有完全不同的语义表征（Hyltenstam 1992）。Jiang 针对不同母语背景高级水平 ESL 学习者进行了重复实验，实验证实，母语语义的迁移现象非常持久（Jiang 2002/2004）。

从词汇表征发展的角度来解释僵化形成的机制，当习得发展到一定阶段，L1 对译词的词形中介作用逐渐减退，学习者大脑表征中的 L2 词形式特征不再需要通过 L1 对译词词形提取语义，而是直接与 L1 对译词词目层的语义特征形成联结。这时候，L1 对译词的词目信息进入了 L2 词条表征，逐渐与 L2 词的形式特征整合。这种整合在运用和练习中被不断巩固、加强，使得 L1 词目信息在 L2 的识别和加工中越来越自动化，地位越来越稳固，反而延迟了新的 L2 词语义的建立，阻碍了 L2 本身的语义特征进入 L2 词条表征，从而形成僵化。

3.2.5　小　　结

本研究证实：汉语词汇表征发展到一定阶段，L1 对译词词形的中介作用逐渐减退，中介角色逐渐由 L1 词目信息替代。这一中介角色的转换是导致两种对译词义项类别的汉语词汇的认知出现差异的内在机制。

研究支持 Jiang（2000）的 L2 词汇表征发展模型中关于第二阶段"L1 词目中介阶段"的假说。在此阶段，L1 词语义特征逐渐进入 L2 词汇表征，L2 词形特征与 L1 对译语义特征建立直接的联结。在词汇加工时，L2 词形就能够直接激活 L1 词目信息而不需要借助 L1 对译词词形充当中介。由于学习者在学习和运用中不断地通过这种联结提取意义，这种联结就被不断加强，结果造成 L2 原本的语义信息被阻隔在表征之外，无法进入 L2 词汇表征，从而使习得僵化在这一阶段，无法形成类似母语使用者 L2 词形与 L2 词语义特征完全整合的词汇表征。

但是，本研究也发现，从词形中介到词目中介的转变，需要一个比较长的时间才能完成，直到高级阶段，我们才考察到词目信息在汉语词汇认知中的中介作用。

3.3　汉语词汇心理表征的发展过程

词汇心理表征是词汇习得研究中的一个核心内容。因此，考察和了解这一过程对于我们建立词汇习得理论意义重大（Jiang 2004）。词汇心理表征发展一直是儿童的 L1 词汇习得研究的中心（如 Bloom 2000, Clark 1993）。然而，在成人 L2 词汇习得研究中，这方面的研究却非常有限。目前的研究主要集中在双语形义映射研究（如 N. Ellis 1997, Henriksen 1999, Hulstijn et al. 1996, Pica 2002）和语义／概念迁移研究（如 Jarvis 2000, Jarvis et al. 2000, Pavlenko 1999）。双语研究多数集中讨论一个学习者头脑中的两种语言如何互相联结，以及两种语言如何与概念表征联结（如 Chen et al. 1989, Francis 1999, Kroll et al. 1994, Potter et al. 1984）。关于 L2 词汇本身的表征构成和发展过程问题讨论较少（如 Jiang 1999/2000/2002/2004, Finkbeiner 2002）。

由于词目信息中的语义特征是词汇表征的重要内容，目前关于 L2 词汇表征的研究主要集中在语义的获得和发展方面。一般有两种观点：一是认为学习者在习得 L2 新词的时候也获得了新的意义（如 Bogaards 2001, R. Ellis 1995, R. Ellis et al. 1999, Henriksen 1999）。另一种观点认为，在学习初期，学习者将 L2 词映射在已有的语义框架上，但是随着习得水平的提高，最终会发生语义的重新构建（如 Blum et al. 1978, Giacobbe 1992, Ringbom 1983, Strick 1980）。事实上，L2 新词与学习者已有概念和意义之间的映射并不是一个新鲜的话题。Ausubel 早在 1964 年就提出：成人学习 L2 相对比儿童学习 L1 要容易一些，因为他们不需要习得成千上万的新概念，而只是习得"表达这些概念的新的（语言）符号"（Ausubel 1964: 421）。后来的研究也一再表明：L2 新词最先与学习者大脑中的已有概念相映射，当习得水平逐渐提高时，就会发生概念的重新构建并最终形成 L2 语言形式与新概念的新的映射关系（Giacobbe 1992, Ringbom 1983）。这种映射关系也反映在（De Groot 1992）的"概念特征分布模型"中。该模型显示，如果一个 L2 词与它的 L1 对译词的概念不完全吻合，那么这个 L2 词可以和不同的概念信息形成映射关系。这说明，"概念特征分布模型"也赞同词汇表征发展中这种意义重新结合和构建的观点。

问题的关键是，L2 学习者能够在多大程度上完成意义的这一重新建构？ Jiang（2000）的词汇表征模型发展假说尝试性地回答了这一问题。模型假说认为，在 L2

词汇表征发展过程中，L1 词目信息逐渐进入 L2 词条表征，并占据在那里，阻碍了新的 L2 语义进入表征，造成了 L2 词表征发展的僵化（Jiang 2004）。语义迁移观点也认为，学习者习得 L2 新词时，大部分的 L2 新词不会在大脑中建立新的意义概念，而是与已有的概念相映射。于是，L1 对译词语义的中介作用就变成了必须（如 Ijaz 1986）。由于这种中介状态的持续和稳固，使得 L2 词汇的语义发展产生了停滞。这说明，De Groot 等学者提出的形义联结的重组和建构多数情况下并不能成功完成。事实上我们也可以观察到，L2 学习者在使用 L2 词时常常受到母语对译词语义的影响，导致偏误的产生。即使在习得的高级阶段，当两个 L2 词的 L1 对译词相同时，学习者也会发生混淆，从而产生偏误（如 Martin 1984, Olshtain & Cohen 1989, Ringbom 1983, Sonaiya1991, Zughoul 1991, Swan 1997）。这些词汇偏误作为证据之一，也证明了 L1 词目信息的中介作用。

Finkbeiner（2002）以汉英双语者与英语母语者为被试，进行了掩蔽语义启动实验。实验证实了不同英语词的 L1 同译效应，验证了 L1 的语义中介作用。根据词汇表征发展模型假说（Jiang 2000），Jiang 本人也先后实验比较了英语母语使用者和汉语、韩语的高级 ESL 学习者对不同英语词对的反应时差异，证实了 L1 词目信息的中介现象（Jiang 2002/2004）。由于实验目的不同，Jiang 与 Finkbeiner 的实验都没有涉及不同习得水平上的表征发展状况，因此无法描绘出 L2 词汇心理表征的纵向发展过程。此外，现有的实验都是基于拼音语言，实验结论是否能推至汉语，还需要我们的研究证实。

通过研究一和研究二，我们对 Jiang（2000）提出的 L2 词汇心理表征发展模型假说进行了检验。研究结论总体上支持 Jiang 关于 L2 词汇心理表征发展三个阶段的假说，证实了母语为英语的汉语学习者汉语词汇心理表征也经历了从 L1 形式中介到 L1 词目中介这样一个发展过程，并且验证了 L1 中介的持续作用，证明词汇表征发展的停滞现象。由于本研究的被试水平跨度有限，仅凭实验结果我们还不能断言僵化现象。但是如上文所述，表征发展缓慢，而且常常并不成功（Jiang 2004）。因此，我们把僵化作为一种描述大多数学习者词汇表征难以达到母语使用者表征完善程度的普遍现象，纳入汉语词汇表征发展过程的整体描述之中。另外，虽然我们在研究中没有检验到 Jiang 的模型假说中第三阶段"整合阶段"的特征。但是由于 L2 词位和 L2 词目信息的整合是词汇习得的最终目标，因此，我们也把这一阶段作为汉语词汇表征发展的终极阶段。

需要指出的是，研究发现，汉语词汇心理表征的发展是一个非常缓慢的过程，从 L1 形式中介到 L1 词目中介需要经历一个复杂的变化过程。研究一中，中级水平被试异译组相关度得分有所提高，因此同译组和异译组相关度得分差异不显著，说明 L1 对译词的中介作用在中级阶段就有所减弱。然而，在研究二中，同样是中级阶段，两种对译词义项类别测试成绩不显著，说明 L1 词形的中介作用依然存在。这些看似矛盾的结论说明，中级阶段是一个变化的阶段，L1 词形中介正在转变为 L1 词目中介，一方面汉语词汇仍然可以通过 L1 对译词通达意义，仍然会受到 L1 词形的影响；另一方面，L1 词目信息也逐渐与 L2 词形产生直接联结，使得学习者可以逐渐忽略 L1 对译词形式的影响。但是，这种联结还很不稳固。因此，当两个汉语词的 L1 对译词不同时，学习者能够较好地忽略 L1 对译词形式的不同，直接把两个词的词目信息做比较判断，发现其中的关联（研究一）；而当两个汉语词的 L1 对译词形式相同时，还没有完全减退的 L1 形式中介作用还会影响到学习者对汉语词的认知，从而产生混淆（研究二）。我们观察到的这一现象说明，在 Jiang 提出的"形式阶段"和"L1 词目中介阶段"之间，还有一个中间阶段，这一阶段是"形式阶段"与"L1 词目中介阶段"的过渡阶段，也是 L1 形式中介与 L1 词目中介的共存阶段，这一阶段 L1 形式的中介作用逐渐减退，L1 词目中介作用逐渐增强。从词汇心理表征特点来看，L1 词目信息正在从 L1 词条表征中分离出来，进入 L2 词汇表征结构。由于这一过程延续的时间较长，是学习者词汇心理表征发展的重要过程，应该作为一个独立的阶段，补充进 Jiang 提出的 L2 词汇表征发展模型。

综上所述，汉语学习者词汇心理表征发展的基本模式如下：

第一阶段，是汉语词汇表征发展的"形式联结阶段"。这时的汉语新词还属于"陌生人"，与"陌生人"建立联系需要一个"中间人"（L1 对译词形式）。这一阶段，学习者在认知汉语新词时，需要利用新词的 L1 对译词理解新词。也就是说，汉语新词首先与学习者的 L1 对译词之间建立联结，再由对译词通达概念和意义。由于学习者对事物的概念和认知是与母语词汇的发展一起建立起来的，所以学习者母语词汇表征内部的词位信息和词目信息具有高度的整合性，母语词条表征一旦被打开，词位信息与词目信息就会同时被激活，与汉语新词形成联结。因此这一阶段，L1 对译词的形式中介作用非常显著。

在汉语词汇表征中，词目信息暂时空缺。汉语新词的形式特征通过一个纽带与表征外的母语对译词联结（如图 3-6a）。这一阶段识别汉语词，需要通过有意识的回忆激活 L1 对译词，再通过 L1 对译词语义提取概念和意义。在使用或生成汉语词汇时，则需要激活汉语词与对译词之间的联结纽带，由要表达的概念首先激活母语对译词，再由对译词有意识地回忆，找到与对译词相联结的汉语词（如图 3-6b）。这一阶段是表征发展的初始阶段，与双语词典研究的"词汇联结假说"（Potter et al. 1984）相符。也就是 Jiang（2000）在 L2 词汇模型发展假说中描述的"形式阶段"。

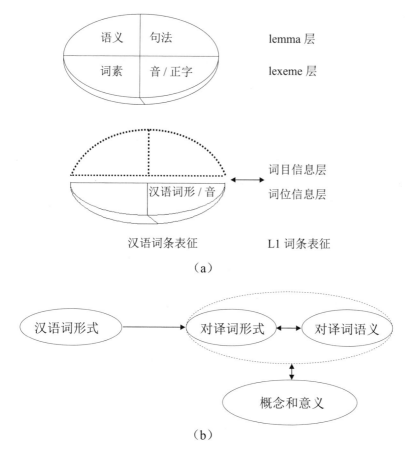

图 3-6　第一阶段的汉语词汇表征发展与词汇加工

第二阶段，是汉语词汇表征发展的"形式／词目联结阶段"。学习者已经开始具备一定语言经验，对汉语词的熟悉度逐渐增加。这时的"陌生人"变成了"熟人"，与"熟人"联系时对"中间人"（母语对译词形式）的依赖性减弱。经过第一阶段训练，汉语新词与 L1 对译词之间的联结不断加强，汉语新词形式特征能够比较快地激活对译词的词位和词目信息，进而通达概念和意义。由于这一路径不断地重复，L1 对译词词形作为一个中间步骤，开始被简化。这一阶段，汉语词既可以通过母语对译词形通达语义，也可以直接与母语对译词词目信息联结，提取概念和意义。但是，这一联结的建立是一个比较长的过程，而且开始并不稳定，学习者对译词形的中介作用依然存在。

在汉语词汇表征中，词目信息依然空缺。但是对译词词目信息正在进入表征。汉语词的形式特征可以通过两条纽带分别与表征外的对译词形式或者语义特征联结（如图 3-7a）。由于后者的直接联结更加方便快捷，这一路径就成了优选路径，并被不断地加强。这一阶段识别汉语词，可以通过有意识的回忆激活母语对译词，再联结译词语义，也可以直接联结对译词语义。在使用或生成汉语词汇时，需要激活汉语词与 L1 对译词表征或者 L1 对译词词目信息之间的联结纽带，由要表达的概念首先激活母语对译词语义，再由对译词语义通过词的形式特征找到与对译词相联结的汉语词，对译词的词目信息也可以通过回忆，直接与汉语词联结（如图 3-7b）。这一阶段是双重路径联结阶段，也是 L1 词目中介逐渐替代形式联结的变化阶段，需要比较长的时间完成。

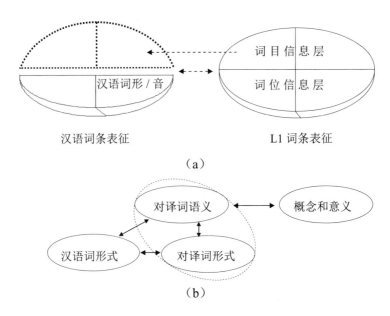

（a）

（b）

图 3-7　第二阶段的汉语词汇表征发展与词汇加工

第三阶段，是汉语词汇表征发展的"L1词目中介阶段"。学习者已经具备了相当的语言经验，经过前两阶段训练和运用，汉语新词与对译词词目信息之间的联结不断加强，汉语新词形式特征能够自动激活对译词语义特征。此时的汉语词就像"熟人"变成了"朋友"。"朋友"之间的沟通不需要依赖任何中间桥梁，可以直接完成。但是"朋友"不一定都是"真心朋友"，传递的信息可能并不真实完善。这一阶段，母语对译词的词形中介作用消失。汉语词直接与母语对译词词目信息建立联结，提取概念和意义，这一路径被确定下来，并逐渐稳固。

这一阶段的表征特点是，对译词的词目信息进入汉语词汇表征，并占据了表征中的词目层。汉语词的形式特征可以直接激活对译词的语义信息，不需要在表征外寻找信息（如图3-8a）。形义联结非常方便快捷。这一阶段的汉语词汇识别不需要有意识的回忆，词形可直接激活词目信息，通达概念。在使用或生成汉语词汇时，也只由表达的概念激活L1对译词词目信息，由词目信息中的语义特征提取汉语词形式（如图3-8b），由于省略了有意识回忆的环节，这一阶段词汇提取自动化程度大大提高（关于自动化问题，见5.4.2节讨论）。

这一阶段是L1词目中介的稳固阶段，与双语词典研究提出的"改进型层级模型"（Kroll & Stewart 1994）相符，相当于词汇表征发展假说中描述的第二阶段（Jiang 2000）。

需要说明的是，由于学习者在词汇的识别和生成中不断地激活汉语词与对译词义之间的联结，这种联结不断加强，达到自动提取的程度，这种自动化一方面提高了学习者识别和使用汉语词的能力，另一方面也阻碍了汉语词原本语义的生成，从而阻碍了汉语词形与汉语词语义之间形—义联结的重组。大多数形义联结发展停滞在这里，形成僵化。也就是说，这一阶段"朋友"的信息并不完全真实，是"假朋友"。但是由于大多数的交际中没有出现问题，因此许多"假朋友"关系维持下来，少有进展。

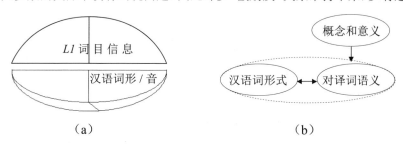

（a）　　　　　　　　　　　　（b）

图3-8　第三阶段的汉语词汇表征发展与词汇加工

第四阶段，是汉语词汇表征发展的"重组阶段"。由于有了丰富的语言经验，学习者逐渐注意到：汉语词与L1对译词的词目信息并不重合，表达意义并不完全相同，另外，即使两个汉语词的L1对译词相同，这两个汉语词之间也存在区别。于是开始了词汇心理表征的重新构建。表征内的词目信息经过修正，逐渐与汉语本来的内容相符，并与表征内的词位信息整合。这一阶段，学习者对汉语词的词位信息与词目信息完全熟知。"假朋友"变成了"真朋友"。表征的发展圆满完成。

这一阶段的表征特点是，汉语词词目信息进入汉语词汇表征，与表征词位信息高度整合（如图3-9a）。形义的联结非常快捷。这一阶段的汉语词汇识别中词形可直接激活语义，通达概念。在使用或生成汉语词汇时，也只由表达的概念激活词条表征，表征中的词目与词位信息同时被激活待用（如图3-9b）。词汇提取自动化程度很高。

这是词汇表征发展的最高阶段，也就是词汇发展模型假说中的"整合阶段"（Jiang 2000）。学习者在这一阶段建立了与母语使用者相同的词汇心理表征内容。但是，大多数的表征发展会停滞在第三阶段，无法进入第四阶段。

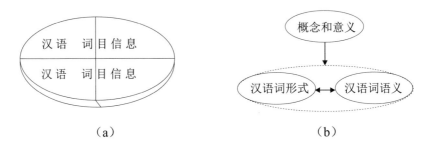

（a）　　　　　　　　　　　　（b）

图 3-9　第四阶段的汉语词汇表征发展与词汇加工

综观汉语词汇心理表征发展的这四个阶段，汉语词汇表征经历了两次重大的转变：一是从L1形式中介到L1词目信息中介的转换；二是汉语词汇语义信息的重构。习得的初级阶段，汉语新词与L1对译词形式联结通达意义。随着习得水平的提高，L1对译词形式的中介作用减弱，汉语词的形式特征与对译词词目信息建立了联结，完成了第一个转变。研究者们从形义联结的角度，用图片命名与翻译判断实验也证实了这一转换过程（如Chen & Leung 1989, Kroll & Curley 1988, Talamas et al. 1995），与我们以上对汉语学习者的研究结果一致。值得注意的是，这一转变是一个缓慢的过程，几乎跨越了整个初级和中级阶段，需要比较长的时间完成。

词目层内语义信息的重构也是关键的一步，关系到词汇表征的发展能否最终完成。表征发展到第三阶段，表征结构已经饱满，词目和词位信息层都不再空缺，词条一旦被打开，各种信息都被自动激活，学习者词汇使用效率大大提高。然而，这时的表征词目信息并不是汉语词本身的信息，而是从 L1 表征中"复制"而来的（Jiang 2000），因而并不准确完善。比如，语义特征并非完全反映汉语词本身所代表的意义。不同语言间的掩护启动实验证实，L2 词与其本身意义之间的联结较为薄弱。如荷兰语—英语（De Groot et al. 1991）、西班牙语—英语（Sanchez-Casas et al. 1992）、希伯来语—英语（Gollan et al. 1997）和汉语—英语（Jiang 1999）。因此，L1 的中介语义与 L2 词实际语义之间的差别，依然会在特殊的语用环境下造成学习者出现偏误。即使在习得的高级阶段，学习者还会出现由于 L1 语义中介而导致的偏误（如 Martin 1984, Olshtain & Cohen 1989, Ringbom 1983, Sonaiya1991, Zughoul 1991, Swan 1997）。

从另一方面看，随着习得水平的提高，这种语义中介产生的词汇偏误也会逐渐减少。这说明，学习者在习得过程中的确发生了语义信息的重组。L2 词特有的语义特征逐渐融入词条表征之中，减少了迁移类偏误的产生。然而，这种重建并非易事，学习者很难建立类似母语使用者那样完善的词汇心理表征。语义信息的发展是一个缓慢的过程（如 Verhallen & Schoonen 1993）。因此词汇表征发展常常停滞在第三阶段，使词汇习得发生僵化。

总之，词汇心理表征发展模式可以看作的潜在机制，用于解释语义和概念迁移现象（如 Jarvis 2000），也可以用于解释不同对译类型汉语词汇认知发展的差异性。需要特别说明的是，正如 Wode（1986）指出，语言间的影响和迁移在语言的不同方面如语音、语法和语用都有着不同的内在机制和过程。我们验证的词汇心理表征发展模型可以用来描述那些最初通过 L1 翻译习得的汉语词汇的习得过程。那些在 L1 中没有对应翻译或概念，或者那些由于某些原因没有通过词汇联结而习得的汉语词，可能涉及完全不同的心理过程，还需要另文研究。

第四章　造词偏误的心理机制考察

在汉语学习者词汇习得与认知研究中，学习者的词汇偏误分析占有很重要的地位。通过对学习者词汇偏误的分析，我们可以发现学习者的习得机制和习得策略。本章集中探讨母语为英语的汉语学习者在汉语词汇习得中出现的造词偏误以及这一类偏误产生的心理机制。

4.1　汉语学习者生造词的偏误分析

4.1.1　相关研究

邢红兵（2003）对"汉语中介语语料库系统"词表中出现的全部520条偏误合成词进行了穷尽分析，将偏误合成词分为5大类17小类，分别为：①新造词；②语义相关语素替代（简称"语素替代"）；③使用语义无关语素或增加减少语素（简称"语素错误"）；④语素顺序错误；⑤其他错误。在分类的基础上，对偏误合成词的错误类型进行分析。其中，新造词分为语素相关对应词、无对应词、类比造词、语素无关对应词、多词混合、增加词缀六种。语素替代类分为音节相同语素替代、复合语素替代单纯语素、单纯语素替代复合语素、同词语素替代等四种。通过进一步的统计分析，得出结论：留学生有比较明确的语素意识和结构意识，他们能够比较好地运用汉语的构词规律来生成合成词。

徐晓羽（2004）把留学生的偏误词制作成数据库，以半年为一个等级，分为九个等级，统计了不同等级留学生产生偏误词典结构类型及其所占的比例，结果发现偏正结构的偏误数量最多，占偏误词的57.67%，其次是联合结构（22.92%）和述宾结构（7.02%）。说明留学生具有一定的结构意识，能够使用规则来生成词。

张博（2007b）把学习者词汇偏误概括为三种类型：词语误用、自造词语、径用母语词。其中，自造词语的产生有两种途径：一是学习者利用汉语的语言成分和（或）构词规则自主创造；二是学习者根据母语词的构词语素和结构用汉语直译而来。

目前看来，大多数词汇偏误分析都集中在日韩等汉字文化圈的学习者，还没有专门针对欧美学习者，特别是以英语为母语的汉语学习者的词汇偏误分析。另外，由于研究目的不同，学者们对词汇偏误分类的方法、偏误分析的角度、偏误类型的定义也各不相同。本书所研究的"生造词"，是指学习者根据已有的语言知识，创造出的目的语中不存在的词语形式。镜相偏误、由于形近或者音近造成的偏误和书写偏误，均不在考察之列。

4.1.2 造词偏误考察

我们从留学生词汇偏误表634例中选出母语背景为英语的词汇偏误107例，去除非考察项目，最后得到66例考察项。

首先，分析发现，偏误词中存在大量双音节偏误词代替多音节词或词组和双音节偏误词代替单音节目标词的情况。如："美态"——美丽的样子、峻峰——峻峭的山峰等。在所有107例偏误词中，双音节词78例，占80%。这也说明，学习者有了一定的双音节结构意识。汉语水平等级词汇中，双音节结构共有6 396个，占72.5%（自邢红兵2003）。因此，双音节汉语词的绝对优势不可避免地会对学习者产生影响。这也体现在偏误词中。

其次，进一步分析这些偏误词，我们发现偏误词都是学习者利用他们已经掌握的词素"创造"出来的，在一定程度上反映了他们对汉语语素的认知和应用能力。所以具体分析这些偏误词，可以帮助我们进一步了解学习者汉语词汇认知的某些特点。因此，我们对偏误词进行了分类。

在66例考察项中，我们最终实现分类57例，占偏误数的86%。根据偏误产生的原因，分出以下几类：

A. 同义替代，占 37%

例如：*内边—里边（"内"代"里"）

*部队员—军人（"部队"代"军"；"员"代"人"）

*说语—说话（"语"代"话"）

B. 把整词与词素混用，占 25%

例如：*花公园（"公园"代"园"）

*音乐队（"音乐"代"乐"）

*当时候（"时候"代"时"）

C. L2 中无对应词目的词，学习者完全"新造"的词，占 14%

例如：*收获节、*美态、*峻峰、*短用

D. 在 L2 中有对应结构，但无对应目的词，占 12%

例如：*比赛会（运动会）、*物质品（物品）

E. 相关义词素替代，占 12%

例如：*冬风（寒风）、*视管（显像管）

由于词汇加工的心理机制是词汇表征，表征内词汇知识的发展状况决定了学习者的词汇能力。因此，我们从词汇知识的角度对以上几种偏误做了进一步分析。分析发现，以上几种偏误分别与三种汉语词汇知识相关。第一是语义知识，如 A、E 型。第二是词与词素边界知识，如 B 型。第三是构词法知识，如 C、D 型。这说明：①与生造词相关的主要词汇知识表征类型包括语义、词边界知识、构词知识；②造词偏误的出现主要是由这几类词汇知识的缺失造成的。也就是说，这些偏误类型反映了这几类词汇知识表征的缺失和不完善。因此，考察这几类词汇知识的发展过程，可以帮助我们理解学习者造词偏误的心理机制。

基于以上分析，我们把造词偏误归结为三大类，并设计实验，考察与偏误相关的词汇知识的发展过程，用以解释偏误词的心理机制。

第一类是同义或近义替代类。这一类词所占比重最大，占 49%。根据词汇表征发展模型，学习者需要通过 L1 对译词通达意义，形成汉语词与其 L1 对译词之间的联结关系。因此，如果两个或以上的汉语形式对应同一个 L1 对译词，就可能造成这两个汉语形式的混用，产生同义或近义替代的偏误。根据对应关系的重叠情况，这一类偏误又可以分为两种：一是汉语与英语对译形式"多对一"，即两个或者以上的汉语形式对应同一个英语对译词。如 *内边（"内"代"里"，"内"和"里"的英文对译词均为 inside）。二是汉语与英语对译形式"多对多"，即两个或者以上的汉语形式同时或者交叉对应多个英语对译词。如 *风景地（"地"代"点"，"地"和"点"的英文对译词为 spot，area， place 等）。由于多对多条件下的汉语形式与L1 对译词映射关系更为复杂，学习者可能需要更长的时间发展 L1-L1 之间的联结关系。根据这一假设，我们设计了研究三，考察汉语与英语对译形式多对一、多对多情况下的 L2-L1 联结发展状况。

第二类偏误是把整词当作词素来用，占 25%。说明学习者词与词素边界不清，词边界知识表征缺失或不足。根据这一假设，我们设计了研究四，考察不同阶段学习者词边界意识发展情况。

第三类偏误在汉语中无对应目的词，属于典型的生造词，占 26%。但造词并非无规则可循。比如，"美态""峻峰""短用"等，是学习者利用所知的汉语词素，通过 L1 提取意义生造出来的，所造的词在结构上都基本符合汉语词汇结构规则。 而"比赛会"（运动会）、"物质品"等偏误词本身就套用了已有的汉语词汇结构。这说明，学习者已经具备了一定的汉语构词意识，并且能够把这些构词意识用于词汇的加工。根据这一假设，我们设计了研究五，利用假词和非词来考察学习者构词意识的发展情况。

4.2　研究三　两种多重映射条件下的汉—英联结发展考察

4.2.1　研究目的

考察在汉语词素和英语对译形式多对一和多对多情况下，初、中、高三个水平的汉语学习者汉语与英语（L1）的联结发展状况。

实验逻辑：根据汉语词汇发展模型，学习者通过 L1 对译词通达意义，形成汉语形式与 L1 对译词的映射关系。因此，如果汉语形式与 L1 对译词是多对一（多个汉语形式对应一个 L1 对译词）或多对多（多个汉语形式重叠或交叉对应多个 L1 对译词）的情况，就可能造成汉语形式的混用，造成同义或近义替代类偏误。其中，"多对多"比"多对一"的情况更为复杂，相当于多个"多对一"的叠加，因此认知更加困难。

4.2.2 实验方法

实验设计：3（被试的汉语水平）×2（词素对应类型）的双因素混合实验设计。被试的汉语水平为被试间变量，分为三个水平：初级水平、中级水平和高级水平。词素对应类型为被试内变量，分为两个水平：汉语词素与英语对译词多对一、汉语词素与英语对译词多对多。

因变量为被试的词汇测试成绩。

被试：加拿大滑铁卢大学和多伦多大学的汉语学习者 69 人。母语背景均为英语。年龄在 20—35 岁。其中三人兼通法语，两人兼通西班牙语，但英语均为其第一语言和生活用语言。我们根据学习汉语的时间长短将被试分为三组，每组 23 人。初级组被试学习汉语 9 个月，中级组被试学习汉语 15 个月，高级组被试学习汉语 21 个月。三组被试分别来自滑铁卢大学汉语二年级 CHINA201、多伦多大学东亚系 EAS200Y1Y 和多伦多大学东亚系 EAS400Y1Y。

实验材料：用于测试的词素均选自《汉语水平词汇与汉字等级大纲》甲级字。目的是尽量保证目标词素是被试所熟悉的。

多对一材料：从《汉语水平词汇与汉字等级大纲》甲级字中选取近义词素 10 组，每组包括至少 2 个汉语词素，且每组词素的英语对译词相同，如：里—内，英语对译词均为 inside。用每组词素其中一个组词造句，并翻译成英语，作为呈现材料。共 10 题。随机排列，形成测试卷。

多对多材料：从《汉语水平词汇与汉字等级大纲》甲级字中选取 5 组近义词素，每组 4 个词素，每组词素与 1 组英语近义词交叉对译，如：点、地、区、处，与英语词 place，area，district，spot，point 等交叉对译。选取包含不同词素的汉语词，空缺目标词素。给出英语翻译。共 10 题，随机排列，形成测试卷。

两种对应类型示例如表 4-1。

表 4-1　研究三多对一、多对多对应类型测试材料示例

对应类型	汉语（L2）例	英语对译词（L1）
多对一	里	inside
	内	
多对多	地、点、区、处	place, area, district, spot, point

两种材料共 20 题（见附录 3）。

实验程序：纸笔测试。被试参加多对一词汇测试后，直接参加多对多词汇测试。限时 20 分钟。要求被试一遍完成，不能查阅字典或讨论。

测试 1：多对一情况下的词汇测试。考察多个汉语词素对应同一个英语对译词时，三个水平学习者对汉语词素的认知状况。

测试方法：要求被试阅读英语句子，根据句义选择出句中画线部分的汉语形式。每题四个选项，只有一个或没有正确形式，所有非目的语选项均来自留学生偏误词表。例如：

The **inside** of the pot was painted red.

A. 里部（lǐ bù）　　　B. 内部（nèi bù）

C. both righ　　　D. both wrong

测试 2：多对多情况下的词汇测试。考察多个汉语词素对应多个英语对译词时，三个水平学习者对汉语词素的认知状况。

测试方法：要求被试选择正确的形式完成汉语词或词组。每题四个选项，只有一个正确形式。例如：

residential area

居民 ＿＿＿　（jū mín ＿＿＿）

A．点（diǎn）　　　B．地（dì）

C．区（qū）　　　　D．处（chù）

评分标准：没有选出来或者选择错误得零分，选择正确的得 1 分。

4.2.3　实验结果

我们使用 SPSS 软件，对三组被试在词素多对一和多对多情况下的词汇测试成绩进行了方差分析。

表 4-2　研究三实验结果描述性数据

	初级	中级	高级
多对多	2.48	2.91	4.43
多对一	2.00	3.96	5.17

方差分析表明,被试内变量对应类型因素主效应不显著$F_{(1, 66)} = 2.584,P = 0.113$。也就是说,三组被试在词素"多对一"和"多对多"情况下的测试成绩没有显著差别。说明只要两个汉语形式对应同一个 L1 对译词,学习者就会发生混淆,多对一和多对多都是学习的难点。这一结论与第三章词汇表征发展过程中 L1 中介作用的结论相符。

被试汉语水平因素的主效应显著。$F_{(2, 66)} = 22.643,P = 0.000$。多重比较表明,初级和中级之间差异显著,$P = 0.003$;中级和高级之间差异显著,$P = 0.001$。说明从初级到中级阶段,再到高级阶段,学习者的成绩一直有显著提高。

词素对应类型和汉语水平的交互作用微弱显著$F_{(1, 66)} = 2.955$,$P = 0.059$。

进一步简单效应分析,初级、高级水平上对应类型差异不显著(初级$t_{0.05/2} = 1.088$,$p = 0.288$;高级$t_{0.05/2} = -1.456,p = 0.160$),中级水平上差异显著$t_{0.05/2} = -2.291$,$p = 0.032$。说明在初级和高级水平上,两种对应类型测试的得分没有显著差异,但是在中级水平上两种对应类型差异显著,多对一明显好于多对多。

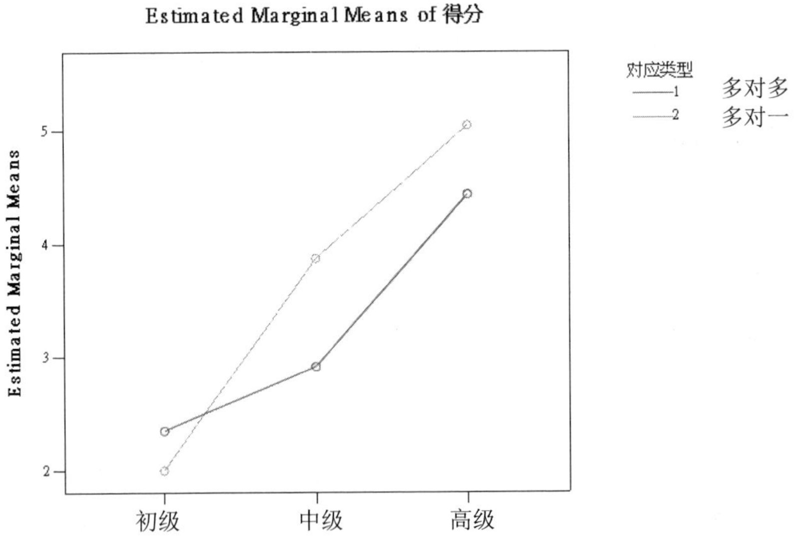

图 4-1 研究三两种对应类型词汇测试成绩在初、中、高三个水平上的比较

上述结果表明,从对应类型上看,对于学习者来说,多对一和多对多类型均对学习者汉语词素语义的认知产生了干扰。只要两个或者以上的汉语词素同时对应一个或者更多的英语词,学习者就比较难区分这些汉语词素的意义。

相比较而言,多对多情况下的汉语词素语义认知发展要比多对一情况更加困难。

两个或者以上的汉语词与两个或以上的 L1 词重叠或交叉对应时，多个汉语词素通过多个 L1 对译形式提取意义，形成了多个"多对一"的叠加，增加了汉语词语义提取的难度。

从习得水平上看，从初级到中级，再到高级阶段，学习者两种对应类型下的的汉语词素的习得水平也在不断提高。

此外，初级和高级阶段多对一和多对多两种类型成绩差异不大，中级阶段差异大。可能是由于初级阶段为整词学习，学习者词汇量较少，还没有形成"多对多"的映射关系，因此对初级水平学习者来说，多对多和多对一实际上都是"多对一"的关系，因此差别不大。随着习得水平的提高，到了高级阶段，学习者已经建立起固有的对应关系，多对多的迷惑性也有所降低，因此差异也不大。相对而言，中级阶段一方面在已有的语言经验中建立起了一定的汉语形义联结关系，另一方面由于大量习得词和词素，形义联结的路径并不稳固，可能因此导致多对多和多对一条件下的成绩差异显著，多对一好于多对多。

4.2.4　讨　　论

首先，我们再次认识到，相同的 L1 对译词会对汉语词的认知造成干扰。所以无论是多对一还是多对多条件下，被试测试成绩都比较低，没有显著差异。这说明二者语义的获得都比较困难。由于表征发展过程中 L1 对译词一直是汉语词通达概念和意义的中介。尽管 L1 词形的中介作用会逐渐被 L1 词目信息取代，但是在表征语义信息重构完成之前，汉语词最终都要与 L1 对译词的语义特征相联结，通达概念和意义。因此，多对一时，两个或者以上的汉语词素对应同一个英语对译词，这些汉语词素的形式与同一个英语对译词相联结，激活对译词的语义特征，通达概念和意义，就造成了汉语词素运用的混淆。如图 4-2：

图 4-2　汉语词素与英语对译词多对一情况下的形—义联结方式

在实验任务中，我们呈现的是英语对译词，即学习者通过母语对译词提取汉语词素，由于同一个对译词对应两个或者以上的汉语词素，即一对多，就会给这两个汉语词素的区分造成困难。

在多对多的情况下，两个或者以上的汉语词素同时对应两个或者以上的英语对译词，这些汉语词素形式同时与两个或者更多的英语对译词联结通达意义，即每一个汉语词素对应两个或者以上的英语对译词，或者说每一个英语对译词对应两个或者以上的汉语词素，形成了意义的交叉对应和重叠对应，使得汉语词素意义的提取产生困难。如图4-3：

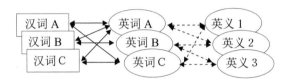

图4-3 汉语词素与英语对译词多对多情况下的形义联结方式

两种对应类型相比较，虽然语义的获得都比较困难，但是困难的程度却有所不同。根据研究一和研究二的结论，从L1对译词中介到L1词目表征中介的发展过程比较缓慢，因此多对一条件下语义表征的建立是比较困难的。而多对多的情况实际上是多个"多对一"形式的叠加，所以比单纯的多对一类型更复杂，给学习者汉语词素认知造成的困难更大，也造成了学习任务的复杂性。因此，多对多条件下的词汇习得难度更大。

此外，虽然三个水平学习者的成绩不断提高，但是直到高级阶段，两种对应类型下的词汇测试错误率还是比较高的。多对一和多对多的平均成绩分别为5.17和4.43。这说明，直到高级阶段，这两类词素的认知依然是学习的难点。这与我们在上一章考察表征发展过程时得出的结论相同。

其次，中级水平上词汇类型的交互作用显著，实验本身目前难以给出合理的解释。但是，上一章表征发展过程研究表明，中级阶段是表征发展的第二阶段。这一阶段汉语词既可以像第一阶段一样，通过L1词形通达意义，也可以直接与L1词目信息联结，通达概念和意义。但是，一方面L1词形的中介作用逐渐减退，另一方面L1词目中介作用还不稳定，汉语词的语义表征还没有建立，因此这一阶段的形义联结具有一定的复杂性和不确定性，是词汇表征发生重大调整的阶段，也是汉语词形式与L1对译词联结的不稳定阶段。因此，在本实验的中级水平上，当两个汉语词素对应同一个L1对译形式时，这两个汉语词素既可以与相同的L1对译形式联结，也可以与这个对译形式的语义特征直接联结，虽然联结路径不同，但结果是一样的（如图 4-22）。当两个或者多个汉语词素与多个 L1 对译形式重叠或者交叉对应时，每一个汉语词素既可以通过不同对译形式提取意义，也可以通过不同对译形式的语义提取概念，由于两种路径本身就不稳定，加上对译形式之间也存在一定语义关联和重叠（如 area，spot，place，district 等），就造成形义联结的混乱和汉语词素语义提取的困难。因此，在这一阶段，两种对应类型的词汇测试成绩差异非常显著。

最后，语义映射的重叠是同义 / 近义替代类造词偏误产生的心理机制。如前文所述，在母语为英语的汉语学习者造词偏误分析中，同义 / 近义替代类造词偏误所占比例最大。比如：* 内边（以"内"代"里"）；* 说语（以"语"代"话"）；* 部队员（以"部队"代"军"，以"员"代"人"）等。从词汇心理表征的角度看，初级阶段，学习者的 L2 词汇表征中只有 L2 新词的词形和一个联结纽带，使用 L2 新词时，词形激活联结纽带与表征外的 L1 对译词形联结并通达意义。如果多个 L2 词形对应相同的 L1 对译词，就造成多个 L2 词形通过相同的 L1 对译词提取意义，不同表征中的 L2 词形与相同的意义产生联结，产生不同的词形与相同的意义之间的映射，使得学习者很难区分这些 L2 词形的意义和用法。到了第二阶段，L1 对译词的词目信息进入 L2 词汇表征，在进行 L2 词汇加工时，L2 词形与 L1 对译词语义之间的联结被自动激活。如果两个 L2 词的 L1 对译词相同，这两个 L2 词形自动激活同一个 L1 对译词语义信息，产生词形与语义的重叠映射，导致学习者依然很难区分这两个 L2 词。比如，"内"和"里"的英语对译词均为 inside，这两个词在初级和中级阶段的词汇加工分别如图 4-4：

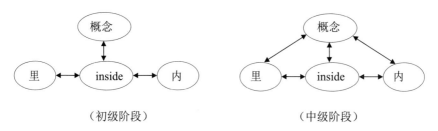

（初级阶段）　　　　　　　　　　（中级阶段）

图 4-4　具有相同对译的汉语词在初、中级阶段的词汇加工示例

在多个 L2 词与多个 L1 对译词产生语义多重映射时，即"多对多"时，语义重叠的情况则更为复杂，也就更容易导致学习者对 L2 词的混淆。简单地说，无论是多对一还是多对多的词素对译类型，都会产生多个 L2 词的语义重叠，造成 L2 词的混用。

学习者在生成 L2 词时，首先由概念提取 L1 词形 / 语义，再由 L1 词形 / 语义联结 L2 词形，如果同一个 L1 词对应两个或者以上的 L2 词形，就会造成这两个 L2 词之间的语义映射重叠，使学习者混淆这些 L2 词，造出类似 "＊内边" 这样的偏误词来。如图 4-5：

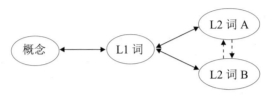

图 4-5　同义替代类偏误词加工机制

　　学者们把这一类偏误笼统地归类为母语的干扰，并认为母语干扰是 L2 词汇生成偏误产生的主要原因（Jiang 2000）。Zughoul 在 1991 年的研究发现，128 名大学水平的 ESL 学生出现的 691 例书面偏误中，有 73% 都与母语干扰有关。实际上，母语干扰的种类很多，由于研究角度的不同，学者们对母语干扰的分类和解释方法也各不相同。本节讨论的内容主要限于母语为英语的汉语学习者生造词中的同义替代类偏误词，并从词汇知识表征发展的角度对其产生的心理机制进行解释。

4.2.5　小　　结

　　研究三利用词素考察了汉语词素与 L1 对译形式多对一、多对多情况下的形义联结发展状况，再次证实了 L1 在汉语词语义提取中的中介作用或干扰作用。由于多对多情况下的形义联结更为复杂，这一类型的汉语词素的认知难度也更大。形义联结的重叠是造成学习者同义 / 近义替代类造词偏误产生的心理表征原因。从词汇知识心理表征的角度来解释，由于汉语词形通过 L1 对译词通达语义，无论两个汉语词素对应同一个 L1 对译形式，还是两个汉语词素同时或交叉对应两个 L1 对译形式，都会形成这些汉语词素与相同对译词语义发生联结的映射关系，造成汉语词认知的混淆，形成偏误。在习得的中级阶段，这种汉语词汇形式与对译词形式或对译词语义之间重叠或多重映射关系尤为复杂，是汉语词认知的困难时期。

4.3　研究四　词边界意识发展考察

4.3.1　研究目的

考察初、中、高三个水平的母语为英语的汉语学习者汉语词边界意识发展情况。

实验逻辑：造词偏误分析表明，第二大类造词偏误是把整词当作词素来用。说明学习者进行词汇加工时词与词素边界不清，词边界知识表征不完善。根据这一假设，我们设计了本实验，通过考察不同阶段学习者词边界意识发展状况，对此类偏误产生的心理机制做出解释。

4.3.2　实验方法

实验设计：采用单因素实验设计。自变量为被试汉语水平，分为初级、中级和高级三个水平。因变量为被试选择单双音节词或词素的测试成绩。

被试：与研究一相同。初级、中级和高级水平学习者各 15 名。

实验材料：为了排除词频效应干扰，用于测试的词和词素均选自《汉语水平词汇与汉字等级大纲》甲级字词。从中选取同义单、双音节词或词素组对，如：地—地方、睡—睡觉、节—节日等。共 10 对。使用 10 个测试句子，句子中空缺目标词素或词（如"节"和"地方"）。给出全句英语翻译。请被试选择正确的形式。

10 道题目随机排列，形成测试卷（见附录 4）。

实验程序：纸笔测试。限时 10 分钟。要求被试一遍完成，不能查阅字典或讨论。

测试方法：要求被试选择适当的词或者词组填空，完成汉语句子。我们给出汉语句子的英文翻译，翻译尽量贴近汉语原句，并给备选项目加注汉语拼音。目的是帮助被试理解句义，减少无关因素的干扰。例如：

When is the Chinese **<u>carnival</u>** ？

中国的 _____ 是什么时候？

A. only 狂欢节日 (kuáng huān jié rì) is appropriate

B. only 狂欢节 (kuáng huān jié) is appropriate

C. Both words are appropriate

D. Not sure

评分标准：没有选出来或者选择错误得零分；选择正确得 1 分。满分 10 分。

4.3.3　实验结果

我们使用 SPSS 软件，对三组被试单双音节词与词素测试成绩进行了单向方差分析。

方差分析表明，汉语水平因素主效应显著，$F_{(2, 42)} = 9.813$，$P = 0.003$。其中中级水平明显好于初级水平 $P = 0.015$，高级水平明显好于初级水平 $P = 0.009$，高级水平与中级水平之间不显著 $P = 0.976$。如图 4-6。

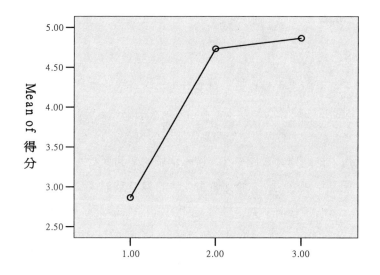

图 4-6　研究四初、中、高级水平词边界测试成绩变化

也就是说，初级到中级阶段，被试的词边界测试成绩有显著提高，而从中级到高级阶段，成绩没有显著变化。

4.3.4　讨论与小结

首先，初级水平被试的平均成绩只有 2.87，说明在初级阶段，学习者虽然能够初步识别一部分词与词素边界，但是这种词边界意识还很薄弱。

一般地，词的识别指在阅读过程中接受视觉信息并激活心理词典中意义的表征的过程。本节所讨论的词的识别是指词单位的识别和切分，应该是在通常意义上的词的识别之前完成的，是词识别的第一步和基础。由于学习者的母语为英语，属于拼音文字系统，在拼音文字系统中，单词之间的自然空格能够清楚地标识词的边界，无论是母语使用者还是第二语言学习者，都不存在识别词边界的问题。研究表明，如果拼音语言文本中没有词间的空格，即使母语使用者的阅读速度也会受到显著的影响（Fisher 1975, Morris et al. 1989）。这说明，拼音语言使用者对词间空格的词边界信息非常依赖。然而，汉语文本中除了书写单位"字"之间的空间外，词之间完全没有任何明显标识，词边界信息十分缺乏。因此，学习者在开始接触汉语时，一方面会注意到这种差别，另一方面并不能马上适应这种文本形式，加上词汇量与语言经验非常有限，就很容易混淆词与词素，出现词边界识别不清。

其次，初级到中级阶段是词边界意识发展的高峰期。在中级阶段形成的词边界意识基本稳定。中级到高级阶段，词边界意识发展速度放缓，产生了停滞。实验结果表明，初级、中级和高级被试的平均成绩分别为 2.87、4.73 和 4.87。初级到中级水平间差异非常显著，中级到高级水平间差异很小。

关于汉语学习者词边界意识的讨论，学者们主要集中在阅读中汉语词的切分上，无论对母语使用者还是对中级汉语学习者，在人为操纵词边界进行的实验研究中，大部分实验没有发现词切分对阅读速度、眼动模式或者阅读理解产生的显著影响（如 Hsu & Huang 2000，高珊 2004），这也从侧面说明，学习者在中级阶段已经具备了一定的词边界意识。Everson（1986）通过分析眼动数据研究了词的切分对母语为英语的汉语学习者阅读策略的影响。实验结果表明：在阅读人为切分文本时，高级水平的被试受到人为词切分的影响最大。他认为这种干扰作用可以归因为高级水平的汉语学习者已经养成了阅读正常汉语文本时所使用的知觉策略。这种知觉策略也就是我们所讨论的词边界和词素意识。由于 Everson 的实验没有中级被试，我们无法得知实验条件下中级到高级阶段的变化状况，但是与初级阶段相比，高级阶段的词边界意识还是有了很大的发展。这与我们的研究结果并不矛盾。我们认为，作为一种完全不同书写体系特征，汉语的词边界的划分一开始就引起了学习者的注意，但是在初级阶段，由于词汇知识和语言经验的限制，学习者还不能有效地区分词与词素。随着习得水平的提高，学习者的词边界意识快速发展，在中级阶段已经形成了一定的词边界意识。因此中级阶段是词边界意识的爆发期。但是，由于汉语词边界和词素知识的复杂性，学习者在中级阶段以后的词边界意识发展放缓，中级阶段建立的词边界意识一直维持到高级阶段，最终很难建立类似母语使用者的完善的词边界和词素意识，词边界知识的发展在中高级阶段产生了僵化。

最后，词边界表征知识的缺失和不足是产生"*花公园"类偏误词的心理机制。具体地说，虽然学习者已经具备了一定的词素和词边界意识，能够在一定程度上识别词与词素边界，但是由于汉语词的生成对词素知识和词边界知识的要求较高，学习者没有建立起完善的词素意识，词汇表征内部词素特征信息不足，词与词素边界意识不清，导致整词与词素混用，所以产生了类似"*花公园""*当时候""*音乐队"这样的造词偏误。在对汉语学习者词汇知识的研究中，学者们已经发现了学习者的词素意识（如冯丽萍 2002，邢红兵 2003）。徐晓羽（2004）考察了二年级、三年级留学生的词汇识别，也发现这一阶段学习者已经具备了一定的语素意识。但是进一步对二年级留学生词汇生成研究发现，学习者还是会出现不少偏误。其中，"复合语素替代单纯语素"类偏误（如：旅游客—游客、母国语—母语等）和"单纯语素替代复合语素"类偏误（如：朝语—朝鲜语、挂卡—挂号卡、休间—休息时间等）正是本研究所讨论的词边界问题。这说明，中级阶段学习者已经建立了一定的词素和词边界知识表征，但是这种知识表征并不完善。因此，在词汇产出过程中，还会出现词与词素边界不清，出现词与词素混用的偏误现象。

总之，从初级到中级阶段，是汉语词边界与词素意识的迅猛发展期。随着词汇量和语言接触量的增加，到了中级阶段，学习者已经建立起一定的词边界意识，并且能够将其运用在词汇的识别和生成当中。但是，在中级阶段建立的词边界知识并没有随着习得水平的提高而继续快速发展，相反比较稳定地停滞在中级阶段的状态，使得学习者很难获得类似母语使用者的完善的词边界表征，词汇习得在这一方面出现了僵化现象。由于词素和词边界信息表征的不完善，使得学习者在汉语词汇生成时会出现把整词与词素的混用现象，出现第二大类的造词偏误。

4.4 研究五 构词意识发展状况

4.4.1 研究目的

考察初、中、高三个水平的母语为英语的汉语学习者汉语构词意识的发展情况。

实验逻辑：偏误词中有 26% 在汉语中没有对应词，属于典型的生造词。但造词并非无规则可循。学习者所造的偏误词在结构上都基本符合汉语词汇结构规则，似乎学习者已经具备了一定的汉语构词意识。根据这一假设，我们设计了本实验，利用假词和非词来考察母语为英语的汉语学习者构词意识的发展情况。假词是指符合汉语构词规则，但实际不存在的词；非词指不符合汉语构词规则，实际上也不存在的词。随着习得水平的提高，汉语构词意识的增强，学习者应该能够逐渐区分假词和非词。

4.4.2　实验方法

实验设计：采用 3（被试的汉语水平）×2（词汇性质）双因素混合实验设计。其中被试的汉语水平为被试间变量，分为三个水平：初级水平、中级水平和高级水平。词汇性质为被试内变量，分为两种水平：假词和非词。

被试：与研究四相同。

实验材料：假词（符合结构规则，实际不存在的词，如"白室""兵人"）、非词（不符合结构规则，实际上也不存在的词，如"件看""最日"）各 30 个。假词和非词的词素均选自《汉语水平词汇与汉字等级大纲》甲级字。为了避免被试因为受挫而不愿完成任务，我们从被试所学课本中选择了 10 个已经学过的词，列入实验材料。把以上 30 个假词、30 个非词和 10 个已学的词随机排列，形成测试卷（见附录 5）。

实验程序：纸笔测试。要求被试对每个词进行判断，然后画出来他们认为不是汉语词的词。另要求被试在规定时间内一遍完成，不能查阅字典或互相讨论。

评分标准：假词和非词画出一个计 1 分，满分各 30 分。

4.4.3　实验结果

我们使用 SPSS 软件，对三组被试非词判断测试成绩进行了方差分析。

表 4-3　研究五实验结果描述性统计数据

	初级	中级	高级
假词	15.53	16.20	15.07
非词	16.13	21.07	22.47

方差分析表明：词汇性质主效应显著，$F（1, 28）= 53.083$，$P = 0.000$。学习者非词的成绩明显好于假词，即选择出的非词多于假词。说明不符合汉语构词规则的非词比较容易被辨别出来。

被试汉语水平的主效应显著 $F（1, 28）= 3.928$，$P = 0.027$。多重比较结果表明，中级水平与初级阶段差异微弱显著（$P = 0.057$）；高级阶段显著高于初级水平（$P = 0.044$）；中级水平与高级水平之间差异不显著（$P = 0.993$）。

词汇性质与被试汉语水平之间存在交互作用显著 $F（1,28）= 11.361$，$P = 0.000$。

进一步简单效应检验表明，初级水平不同词汇性质差异不显著，$t_{0.05/2} = -1.235$，$P = 0.237$。在中级和高级两个水平上词汇性质差异非常显著（中级：$t_{0.05/2} = -4.202$，$P = 0.001$；高级：$t = -5.961$，$P = 0.000$）。

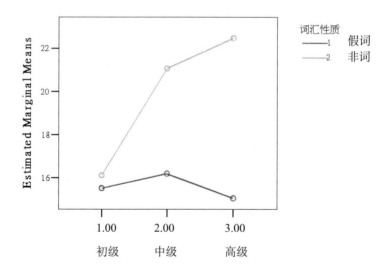

图 4-7　研究五假词和非词判断在初、中、高三个水平上的比较

以上结果表明，从词汇类别上看，不符合汉语构词规则的非词选出来较多，说明学习者已经具备了一定的构词意识。

从习得水平上看，初级水平学习者假词和非词判断成绩差异不大，说明初级阶段的学习者还不能有效区分假词与非词，构词意识比较差。初级到中级阶段差异显著，中级与高级差异不大。此外，中级和高级水平学习者非词的成绩明显好于假词，即学习者判断出的不符合构词规则的非词多于符合构词规则的假词。说明到了中级阶段，学习者已经具备了一定的构词意识。因此，从初级到中级阶段是构词意识发展的高峰期。从中级阶段开始，构词意识发展速度放缓，直到高级阶段，构词意识的发展还没有完善。

4.4.4 讨论与小结

首先，研究证明，初级阶段的学习者还不具备明确的汉语构词意识，但是经过一段时间的学习和语言接触，就能够形成一定的汉语构词意识。目前已有研究证实了学习者的汉语构词意识（如邢红兵 2003，冯丽萍 2002）。冯丽萍（2002）以非汉字文化圈的留学生为对象，实验证实了留学生对不同词汇结构的双字词的识别过程的差异。郭胜春（2003）实验发现了合成词的内部结构方式会影响学习者语义的获得。徐晓羽（2004）对留学生偏误词的数据库分析发现，偏正结构的偏误词所占比例最大，她认为这也说明留学生具有一定的结构意识。以上几项研究从不同侧面证明了学习者具有一定的构词意识。但是，由于学者们研究的角度不同，现有的研究结果只能证实学习者构词意识的存在，还不能纵向描述不同习得阶段学习者构词意识的发展状况。我们的实验结果表明，汉语学习者的构词意识是经过一段学习之后才逐渐建立起来的。

实验中，非词的测试成绩显著好于假词，即被当作不是汉语词选择出来的非词数量明显多于假词。我们知道，假词和非词对于学习者来说，都是不认识的汉语语素组合，不同的是，假词是符合构词规则的词素组合，如"说语"（述宾结构，动词＋名词）；非词是不符合汉语构词规则的词素组合，如"件看"（量词＋动词）。实验结果表明，当看到一个符合结构规则的组合时，学习者倾向于判断它为词；而面对一个不符合汉语词结构规则的组合时，学习者更容易判断其为非词。但是在初级阶段，假词和非词的区别并不显著。这是由于汉语词汇结构规则意识需要建立在一定量的语言接触和语言经验的基础之上，是一个比较长的逐渐的过程。在习得的初始阶段，由于学习者语言经验少、词汇量有限，还没有形成汉语的构词规则概念，因此构词意识薄弱，也就无法有效区分假词和非词。到了中级阶段，学习者经过一段时间的学习，已经具备了一定的汉语经验，对汉语构词规则的印象逐渐加深，形成了一定的构词意识，所以面对不认识的语素的组合，只要不违背他们已经掌握的基本构词规则，他们会倾向于认为是词，所以能够比较好地区分假词和非词。

其次，学习者在中级阶段开始具有一定的构词意识。初级到中级阶段是构词意识发展的高峰期，这一阶段形成的构词意识并不完善，而且发展速度放缓。

实验表明，中、高级阶段被试能够比较好地区别假词和非词。说明经过一段时间的学习，学习者积累了一定量的汉语构词法知识，培养了一定的构词意识，并能够运用已有的构词法知识，判断陌生的词素组合。但是，这种构词法意识并非匀速地线性发展。从中级到高级阶段，学习者对假词和非词的判断没有显著变化，说明中级阶段建立起来的构词意识相对稳定下来，发展趋于缓和。因此，纵向观察构词意识的整体发展，中级阶段是构词意识发展的爆发期。在此之后，构词意识发展缓慢，即使到了高级阶段也没有达到类似母语使用者的构词水平，仍然有发展的空间。这可能是由于一方面实际教学中缺乏针对汉语词汇结构陈述性知识的讲练，构词意识发展缺乏有意识的外力引导和支持；另一方面，汉语的构词法具有一定的系统性和复杂性，学习者自己能够从语言经验中提取的程序性知识非常有限。因此，在具备了一定构词知识表征之后，很难继续深化，造成学习者构词知识表征发展的不完善。

最后，不完善的构词知识表征是第三大类造词偏误产生的心理机制。偏误分析发现，有一类偏误词在汉语中并无对应形式，比如"*美态""*峻峰""*短用"等，属于典型的生造词。但是，这些造词形式并非无规律可循，它们都符合汉语构词规则，并非"乱造词"。如上所述，我们已经证实学习者在习得过程中具备一定的构词意识，并能够将已有的构词知识运用在语言加工之中。在语言生成过程中，学习者要表达一个概念，但是在已有的词汇表中没有找到相应的表达形式，于是首先通过概念提取 L1 形义表征内容，再通过 L1 形义表征激活 L2 对应词素形式，L2 形式与心理表征中 L2 构词规则共同作用，生成了"新"的 L2 形式。

另一类词如"比赛会""物质品"等，虽然有对应汉语词，如运动会、物品，但是我们分析这些偏误词的产生没有直接受到目的词的影响，而是受到目的词同类词的构词规则的影响。如"座谈会""见面会""茶话会"等，"日用品""化妆品"等。学习者在学习中接触到同类词，并从中提炼出类似"- 会"和"- 品"的规则。与上面的偏误词类似，在生成过程中，提取到的 L2 形式与 L2 构词规则共同生成了这一类偏误词。这一过程如图 4-8 所示：

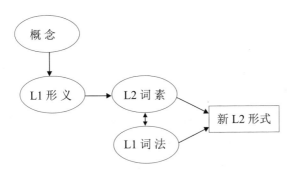

图 4-8　新 L2 形式的生成过程

偏误分析表明，有 26% 的造词偏误是学习者通过这种途径，利用已知的汉语词素和构词规则自己生成的。这也再次证实了学习者具有的构词意识。这种意识是潜在的构词知识的体现，在词汇的识别和生成中发挥作用。但是，由于汉语构词法的复杂性和非显性特征，单纯从语言经验中获得的构词意识很难继续深化完善。因此，在不完善的构词意识的作用下，学习者利用已知的词素，造出新词，形成了第三大类造词偏误。

4.5　研究小结

本章通过对学习者生造词的偏误分析，发现了几类偏误现象，并根据偏误涉及的不同词汇知识类别，对造词偏误的心理机制进行了分析。通过实验，考察了三类与偏误相关度词汇知识的发展过程。我们认为，词汇知识发展的过程也就是词汇知识表征建立的过程。考察这些知识的发展状况，能够帮助我们从词汇知识表征发展的角度对几种主要的偏误类型的心理机制进行解释。

4.5.1　造词偏误的生成机制

造词偏误的心理机制是词汇知识表征的缺失或不足。

第一类同义和近义替代类偏误的产生是由于语义映射的重叠。从词汇心理表征的角度看，由于 L2 词汇表征中没有建立起 L2 词的语义内容，意义的提取要通过 L1 对译词完成。无论在初级阶段还是在中级阶段，都存在 L1 词的中介作用。所以，如果多个 L2 词形对应相同的 L1 对译词，就造成多个 L2 词形通过相同的 L1 对译词提取意义，不同表征中的 L2 词形与相同的意义产生联结，产生不同的词形与相同的意义之间的映射，使得学习者很难区分这些 L2 词形的意义和用法。从生成的角度看，学习者首先由概念提取 L1 词形 / 语义，通过 L1 词形 / 语义联结 L2 词形，如果同一个 L1 词对应两个或者以上的 L2 词形，就会造成这两个 L2 词之间的语义映射重叠，使学习者混淆这些 L2 词，造出类似"*内边"这样的偏误词来。

其次，词边界知识表征的不完善导致学习者词与词素的混用，形成第二类偏误。研究发现，学习者已经形成了一定的词边界意识，并且能够在一定程度上识别词与词素边界。但是，这种意识到了中高级阶段还不完善，远没有达到类似母语使用者的词边界知识表征完善程度。因此，在学习者生成汉语词时，还会把整词与词素混用，所以产生了类似"*花公园""*当时候""*音乐队"这样的造词偏误。

最后，学习者利用在习得过程中逐步建立的构词意识创造出第三类偏误词。其中，C 型偏误如"美态""峻峰"是因为学习者已知词表中没有要表达的概念的相应形式，学习者根据 L1 词的形义内容，从母语中提取意义，再通过 L1-L2 的联结找到相应的 L2 形式，根据 L2 构词规则"创造"出新的形式。在这个创造过程中，学习者初步的构词知识表征起到了很大作用。D 型偏误如"比赛会""物质品"等，虽然有对应汉语目标词，但是这些偏误词是受到了目标词同一结构类型其他词的构词规则的影响。学习者在接触同一结构类型词汇的过程中，从中提炼并总结出相应的构词规则。与 C 型偏误词类似，首先从 L1 中提取意义，通过 L1-L2 的联结提取 L2 形式，再根据这一构词规则生成了这一类偏误词。

需要说明的是，词汇的生成是一个比较复杂的过程，一个偏误词的出现可能同时使用到两种以上的心理机制，即两种以上的机制同时作用，造成偏误。比如："物质品"，首先是根据汉语构词规则（物品、礼品、商品等），"- 品"结构浮出，然后把整词当作词素来用，造出"物质品"。

4.5.2 词汇知识发展的阶段性

研究发现，各类词汇知识并非一开始就是获得的，而是经历了一个积累的发展过程。在词汇发展的每个阶段，词汇知识发展的速度也不同。

初级阶段，汉语新词与对译词联结通达意义和概念。到了中级阶段，L1 语义特征正在进入汉语词条表征，汉语词既可以通过 L1 词形通达意义，也可以直接与 L1 词目信息联结，通达概念和意义。因此，词汇形义联结模式进入调整时期。但是，由于汉语词的特殊语义表征还没有建立，这一阶段的形义联结具有不确定性，容易出现因为对译词语义关联和重叠造成的偏误。中级阶段也是词边界知识和构词知识发展的关键阶段。这一时期，学习者已经具备了一定的词边界意识和构词意识，并且能够把这些知识运用于词汇的识别和生成（冯丽萍 2002，徐晓羽 2004）。总体来看，中级阶段是词汇知识发展的爆发期，这一阶段建立的各种词汇知识表征对学习者的词汇认知至关重要。

从中级阶段开始，词汇知识发展进入一个稳定时期。形义联结方面，词目信息的中介作用逐渐确立，汉语词的形式特征与 L1 对译词的语义特征建立直接联结，并稳固下来。学习者已经具备的词边界和构词知识也基本保持稳定状态，发展缓慢。直到高级阶段，学习者的词汇知识都没有达到类似母语使用者词汇知识的完善水平。词汇习得出现僵化现象。

纵观这几类词汇知识的发展，我们看到，汉语词汇知识的发展经历了一个从无到有、从快到慢的过程。其发展过程大体可以分为三个阶段：初级阶段是词汇知识的起始期，中级阶段是词汇知识的爆发期，高级阶段是词汇知识的稳定期。词汇知识发展的这些阶段性特征对我们了解学习者生造词的心理表征特点，进一步在教学中帮助学习者克服造词偏误有很大帮助。

关于生造词的心理表征结构和发展模式，我们将在下一章专门讨论。

第五章　理论讨论

本章将在回顾前文实验研究结论的基础上，探讨母语为英语的汉语学习者生造词的心理表征构成和发展模式，并对相关理论问题进行讨论。最后，对研究方法和研究结论进行总结性思考。

5.1　实验研究回顾

本研究采用实验研究方法，验证了 Jiang（2000）提出的 L2 词汇心理表征发展模型假说对汉语词汇习得的适用程度。根据学习者造词偏误现象分析，考察了与不同偏误相关的词汇知识的发展状况，探讨了母语为英语的汉语第二语言学习者造词偏误的心理机制。主要结论如下：

第一，汉语词汇心理表征的发展要经历四个阶段："形式联结阶段""形式 / 词目联结阶段""L1 词目中介阶段"和"重组阶段"。总体上看，研究结论支持 Jiang（2000）的 L2 词汇心理表征发展模型。

第二，母语为英语的汉语第二语言学习者造词偏误的心理机制是学习者词汇知识表征发展不完善。同义 / 近义替代类偏误的形成原因是表征语义知识发展不完善；整词与词素混用类偏误的形成是由于词边界信息不明；无汉语对应词的生造词主要是由于学习者利用已有的不完善的汉语构词知识，通过提取已知词素创造出来的。

第三，与造词偏误相关的词汇知识主要有三类：语义、词边界和构词知识。这三类词汇知识的发展分为三个阶段。初级阶段是词汇知识发展的初始期；中级阶段是词汇知识发展的爆发期；高级阶段是词汇知识发展的稳定期，各类词汇知识进展缓慢，词汇习得出现了僵化现象。

根据以上研究结论，我们可以尝试把词汇心理表征研究与造词偏误类词汇知识发展结合起来，并对相关问题做进一步讨论。

5.2 生造词的心理表征构成

在第二语言习得讨论中，心理表征一般指语言知识的形成或重新组合（Jiang 2007）。从认知的角度看，学习者心理表征的变化是学习的中心过程。因此，表征作为习得的心理机制，必然会体现在学习者的语言加工之中。通过对造词偏误的分析，我们可以发现学习者生造词的心理机制，从而建立生造词这一特殊类别词汇的心理表征结构。

Levelt（1989）建立的 L1 词汇表征的内部结构如图 5-1。

图 5-1 词汇表征内部结构（Levelt 1989）

如图所示，一个完整的 L1 词条内部包括词目层与词位层两个部分。词目层包含词的语义和句法信息；词位层包括词素和形式特征。Jiang（2000）在此基础上建立的 L2 词汇表征模型也沿用了这些概念。

这一模型及其相关概念是建立在拼音语言表征研究的基础上的。汉语与拼音语言词汇特征差异较大，而生造词作为一种特殊类型的词汇形式，其表征内容也具有一定的特殊性。因此，在讨论汉语生造词心理表征结构时，我们不能完全照搬 Levelt 等西方学者的模型，还需要对模型进行修正，使其一方面符合汉语词汇的普遍特征，一方面反映汉语生造词的特殊性质。

由于造词偏误主要与语义、词边界和构词等知识相关，我们推论，生造词的产生主要涉及这几类词汇知识的发展，这些词汇知识类型也反映了此类词汇表征的特殊性质。

第一，任何词汇的学习都是从形式特征开始的，而且形式与语义的联结是所有词汇习得的核心内容（Schmitt 2008）。因此，词汇的形式信息（包括书写和发音）与语义信息是所有词汇表征中必不可少的基础信息。

第二，与拼音语言不同，汉语词内部缺乏曲折变化，句子的时态、语态等不通过词形的变化表现，词法与句法相对独立。虽然研究词汇应当适当地考虑句法，但是就词汇体系而言，"语言组成要素只能按单一的标准——自身组织特点来建立体系……词汇如果存在着体系，它也只能建立在词汇本身的组织特点上"（刘叔新2006：3）。因此，汉语词汇表征内部结构应该只包含关于词条组织本身的各种信息，并不牵扯词的用法和句法特征。词的句法特征属于更大的语义和结构范畴单位，与词条的信息属于不同层级上讨论的问题。因此，汉语生造词心理表征结构中，应该不包括句法信息。

第三，在以拼音语言为基础建立的词汇表征结构中，词位层包括词内部词素的各种变体信息（Garrett 1975, Levelt 1989），这些变体信息与形音信息一道，组成了完整的词位内容。但是，Levelt（1989）的表征模型中的词素部分主要指拼音语言的词素变化信息，比如英语动词过去时的词尾变化。与拼音语言不同，汉语词内部不发生曲折变化，没有同义变体现象。因此，模型中的词素所指与汉语的词素概念并不相同。

认知心理学的实验研究已经证明了汉语语素表征的存在及其对整词理解的作用（如王春茂、彭聃龄1999，彭聃龄、Taft Marcus 等1999）。但是，多数实验针对的都是汉语母语使用者，从认知的角度探讨汉语作为L2的语素意识方面的研究才刚刚起步。研究证实，学习者的确具有一定的汉语词素意识（冯丽萍2002，邢红兵2003，徐晓羽2004）。但是，由于各自研究目的不同，学者们对词素意识的定义范畴各不相同。所有与语素相关的知识和能力都被笼统地称为词/语素意识。如语素意义与整词意义的关系、词素与词边界、语素的组合方式（即复合词的结构类型）、语素的构词能力、语素的成词能力、语素的构词位置等等。从生造词的角度看，与词素信息相关的主要是词与词素的边界问题，即词边界知识。因此，词边界知识应该代替词素知识，作为生造词表征的一个组成部分。

第四，如上文所述，构词知识也是生造词涉及的主要知识类别。从造词偏误现象看，构词知识主要指汉语词汇的结构知识。现有研究已经发现了学习者的结构意识（如邢红兵 2003，郭胜春 2003，徐晓羽 2004）。这说明，词汇结构知识的确是学习者在汉语词汇习得中不可或缺的一类知识。在生造词的心理机制中，词汇结构信息更是影响造词偏误的主要知识类别，因此，构词知识也应该是生造词心理表征中的一个组成部分。

根据以上分析，我们认为，生造词的心理表征的构成应该主要由四部分内容组成。分别为：形式特征（包括发音和正字）、词边界信息、构词和语义信息。从整体结构看，生造词的心理表征也分为词汇的表征分为词位层和词目层两个部分。词位层是表征的基层，词目层是表征的顶层。这两个层级分别包含不同类型的词汇信息。

5.2.1　表征中的词位信息

我们认为，表征中的词位层包括词的外显信息，即词的外部特征。比如，词的书写和发音。此外，由于汉语的基本书写单位是字，词与词之间没有自然间隔作为标识，汉语自然文本中的词边界信息十分缺乏。所以，汉语词的边界信息作为词的一种外显特征，独立于词的形式和发音特征之外，也应该纳入汉语词汇表征中的词位层。

汉语母语使用者由于长期的语言实践，词位层中的形音信息和词边界意识高度整合，能够在使用中达到自动激活和提取，所以一般不会出现词的识别困难。但是对于以拼音语言为母语的汉语学习者来说，培养词边界和词素意识，是他们面临的一大特殊任务。词边界信息和词的形音特征一样，都是新的习得任务，需要学习和积累。而且，词边界意识的培养，需要更长的时间。也就是说，词边界信息进入心理表征，是一个逐步实现的过程。

5.2.2　表征中的词目信息

生造词表征中的词目层主要包括词的内隐信息。西方学者认为，词目层包括词的语义和句法信息（Garrett 1975, Levelt 1989）。我们认为，一个词条的内部表征内容应该只涉及词条本身内隐和外显信息。如上文所述，词的用法虽然与句法相关联，但是词的句法特征与词条本身的信息并不同级，词的句法特征属于更大层级的概念和结构范畴，不应该与词条内部特征放在一起讨论。另外，由于汉语词内部缺乏曲折变化，句子的人称、时态和语态等不体现在词法上，词法与句法相对独立。因此，汉语词汇心理表征的词目层不包括句法信息，而包括语义和构词信息。

同样地，母语使用者词汇表征中的语义、构词法信息和其他词汇知识高度整合，在词的识别和生成中能够自动激活和提取。而对于汉语学习者来说，语义和构词意识需要一个逐渐建立的过程。

综上所述，我们尝试建立汉语生造词的心理表征模型如下：

图 5-2　汉语生造词表征内部结构

如图 5-2 所示，汉语词汇表征分为两个部分：词位层和词目层。词位层是表征的基层，包含关于词的外显信息，如词的书写形式特征（简称"形"）、发音特征和词边界信息；词目层是表征的顶层，包含关于词的内隐信息，如语义（简称"义"）和构词法信息。对于汉语母语使用者来说，词汇表征内部的各种信息是在认知过程中同时建立的，因此表征各部分内容高度整合在一起，词条一旦被打开，所有的内容都被自动激活，共同作用于词的识别和生成。对于汉语作为 L2 的学习者来说，词汇习得的过程就是逐渐建立和完善表征的过程。

需要说明的是，这一表征模型主要是我们根据学习者的造词偏误，总结与偏误产生相关的知识类型建立起来的。因此，模型仅仅是生造词这种特异类别的词汇心理表征。其他类型的词汇表征，可能涉及不同类型的词汇知识，还需要另文研究。此外，学习者最初学习到的词汇知识，主要是词汇的形式特征。因此，在整个表征发展的进程中，表征内各个部分的发展并不同步，每一个部分的发展也不是匀速的。关于表征中各个部分的发展过程，我们可以结合第四章实验研究结果，进一步讨论。

5.3　生造词的心理表征发展模式

从认知的角度看，学习者心理表征的发展变化是学习的中心过程。我们能够测量到的这些变化就被当作学习发生的证据。本书第四章，我们通过考察不同类别词汇知识的发展过程，探讨了生造词的心理机制。这些词汇知识的发展变化也可以帮助我们从整体上认识生造词的心理表征发展模式，使我们进一步发现学习者汉语词汇习得的一些特点和规律。

从表征的基层即词位层看，最早进入表征的是词的形式特征（包括发音和正字）（Jiang 2000）。这些形式特征是整个词汇表征的基础信息，也是学习者最先学习到的词汇知识。因此，形式特征在习得的初级阶段就进入表征，并在以后的发展过程中不断巩固。

在拼音语言的 L2 词汇表征中，词位层的另一个组成部分是词素信息，Jiang（2000）认为，由于词素特征是语言特有的，不易发生迁移，因此很难进入表征。所以，从第一阶段到第二阶段，表征中词素特征的位置一直是空缺的。与之不同的是，汉语生造词表征中，词素信息具体为词边界信息。本书 4.3 节实验研究表明：学习者从初级阶段并不具备词边界意识，但是这种意识发展很快。到了中级阶段，学习者已经建立了比较稳定的词边界意识，这一时期建立的词边界意识会一直延续到高级阶段。这说明，由于汉语具有与拼音语言完全不同的书写体系，汉语的词边界信息和形式特征一道，很可能在习得的一开始就作为显性的特征引起了学习者的注意。这种词边界意识随后快速发展，这种词边界意识在不同的实验研究中也得到了证实（如 Hsu & Huang 2001，高珊 2004）。但是，由于汉语词边界和词素信息的复杂性，学习者很难最终建立类似母语使用者的完善的词边界意识，词边界意识经历了中级阶段的快速发展之后，在高级阶段产生了僵化。

从表征的顶层即词目层看，拼音语言表征研究认为，在 L2 词汇学习的初期，学习者更关注于 L2 词的形式特征，比如书写和发音，几乎没有创建语义和句法信息（Jiang 2000）。因此，在 L2 词汇表征的顶层信息中，句法信息部分是空置的。直到学习的第二阶段，L1 句法信息才与语义信息一道，被"复制"进入 L2 表征。如上文所述，汉语生造词表征结构词目层中，句法信息由汉语构词法信息取代。根据 4.4 节的实验研究，我们发现：学习者的汉语构词意识也不是一开始就有的，而是经过一段学习之后才逐渐建立起来。在习得的初始阶段，学习者很难形成构词的规则概念，很少有构词意识。随着习得时间的增长，语言经验的丰富，到了中级阶段，学习者才对汉语的构词规则有了一定的认识，形成了一定的构词意识。也就是说，至少在初级阶段，汉语生造词心理表征中构词法信息是空置的，直到中级阶段，汉语构词法信息才逐渐进入词汇表征。进入表征的构词信息并不完善，而且发展缓慢，产生僵化现象。

　　词汇表征顶层的另一重要内容是语义特征。对于母语使用者而言，由于词汇的习得伴随着认知的过程，意义信息与形式特征同时创建，进入词汇表征（Jiang 2000）。L2 学习者则不同，学习者在学习 L2 词汇时，头脑中已经存在一套 L1 的概念和意义系统。这套概念意义系统是随着 L1 母语习得建立起来的，必然要影响到 L2 的学习。从一方面看，成年的 L2 学习者倾向于通过 L1 对译词通达已有的概念和意义系统学习新的 L2 词汇；另一方面，已有的概念和意义系统也可能会干扰或阻止新的 L2 词意义特征的生成（Jiang 2000）。这样看来，L1 词会和已有的意义系统一起作用，干扰 L2 学习中新词汇意义特征的建立。而且，由于学习者的概念和意义系统是在 L1 词汇学习的过程中建立的，在 L2 语义的获得中，不可避免地会借助 L1 对译词通达意义。因此，表征中语义的发展状况是一个复杂的过程。研究证明，从初级到高级阶段，L1 对译词的中介作用一直存在。但是中介作用在表征发展过程中经历了从对译词词形中介到对译词词目中介的转换。从形义联结的角度看这一转换，也就是"汉语词形 -（L1 对译词形式 ＋ L1 对译词语义）"的联结转换为"汉语词形 -L1 对译词语义"的联结。这一转换需要一个比较长的过渡阶段。由于 L1 的中介作用，语义的发展会停滞在这里，出现僵化。

　　综上所述，在生造词表征发展过程中，表征内每一构成部分的发展并不匀速，表征整体的发展也具有不平衡性。总体上说，汉语生造词心理表征的发展经历了四个阶段，从第一阶段到第三阶段是发展进行阶段，是表征内容逐渐充实和完善的过程。第四阶段是发展完成阶段，也是表征发展的的终极理想状态。但是，大部分的词汇发展会停滞在第三与第四阶段之间，形成僵化现象。生造词心理表征四个阶段如图 5-3。

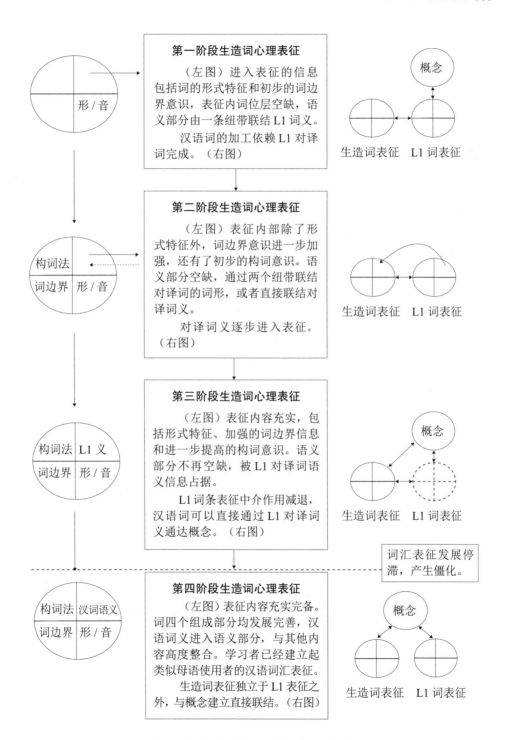

第一阶段生造词心理表征

　　（左图）进入表征的信息包括词的形式特征和初步的词边界意识，表征内词位层空缺，语义部分由一条纽带联结 L1 词义。

　　汉语词的加工依赖 L1 对译词完成。（右图）

生造词表征　　L1 词表征

第二阶段生造词心理表征

　　（左图）表征内部除了形式特征外，词边界意识进一步加强，还有了初步的构词意识。语义部分空缺，通过两个纽带联结对译词的词形，或者直接联结对译词义。

　　对译词义逐步进入表征。（右图）

生造词表征　　L1 词表征

第三阶段生造词心理表征

　　（左图）表征内容充实，包括形式特征、加强的词边界信息和进一步提高的构词意识。语义部分不再空缺，被 L1 对译词语义信息占据。

　　L1 词条表征中介作用减退，汉语可以直接通过 L1 对译词义通达概念。（右图）

生造词表征　　L1 词表征

词汇表征发展停滞，产生僵化。

第四阶段生造词心理表征

　　（左图）表征内容充实完备。词四个组成部分均发展完善，汉语词义进入语义部分，与其他内容高度整合。学习者已经建立起类似母语使用者的汉语词汇表征。

　　生造词表征独立于 L1 表征之外，与概念建立直接联结。（右图）

生造词表征　　L1 词表征

图 5-3　汉语生造词心理表征发展的四个阶段

5.4 表征的相关理论问题

表征问题涉及学习者大脑中信息的存储和提取，是复杂的认知心理过程。由于条件限制，目前我们的研究还无法准确地测量学习者大脑内部的活动变化。因此，本节仅结合现有研究结论，对表征相关问题进行理论上的讨论，进一步认识生造词心理表征的特点。

5.4.1 两种语言词汇表征的关系

学习者在学习 L2 时大脑中已经有了一套语言知识系统，所以在研究 L2 语言知识的发展时，必然要讨论两种语言知识的关系问题，也就是两种语言表征的关系。Weinreich（1953）就提出了三种可能的关系类型：并列型、复合型和从属型。Koler（1963）提出了"独立表征"或"共同表征"两种方式。

但是，无论是独立表征说还是共同表征说都缺乏足够的令人信服的证据支持（Al-Mansoor 2004）。这是由于学者们的讨论"没有区分记忆表征中的词汇信息和意义信息"（Kroll 1993: 53）。此后，Potter（Potter et al. 1984）等提出了两种影响深远的对立模型："词汇联结模型"和"概念中介模型"。在此基础上，又出现了"修正的等级模型"（Kroll & Stewart 1994）。这两种模型都区分了词汇表征中词汇层与概念层的不同联结方式。越来越多的学者认为，在概念层面上，两种语言是相互联结的（如 Kroll & Stewart 1990, Potter et al. 1984）。

但是，这种关系的发展状况如何？Kroll（1993）对不同习得水平的被试进行了翻译和图片命名任务比较，结果证实：在 L2 习得初期，学习者很依赖两种语言间的词汇联结。随着习得水平的提高，概念中介作用逐渐加强。也就是说，两种词汇表征的关系有从词汇联结到概念中介的动态发展变化过程。这被称为"发展性转化假说"。一些学者认为，随着水平的提高，词汇联结并没有消失，而只是在 L2 概念联结建立起来的时候减弱了（如 De Groot 1992, De Groot et al. 1995）。"修正的层级模型"（Kroll & Stewart 1994）正是吸收了这种转化的理念（Dufour & Kroll 1995, Kroll 1993），包括了词汇和概念两个联结，"表明词汇联结也可以从 L1 到 L2 词。L2 词汇的识别也可以由概念做中介。（Wilson 1999:130）。

其实，无论是独立表征或共同表征，还是词汇联结到概念中介的转换，如果我们在一个表征框架下进行讨论，就可以把这些概念纳入其中。第一，词汇知识是多方面的，词汇表征的内容不仅仅只是形义的联结，在我们讨论的生造词心理表征结构中，包括形、音、义、构词和词边界等各种信息。这些信息综合作用于学习者的造词过程。

第二，语言有其共性和个性，词汇作为语言的组成单位也具有共性和个性。这些共性和个性信息组成每种语言的词汇规则。因此，不同语言的词汇表征内容既有共同内容，体现词汇的共性，也有特有内容，体现语言间的差异和每种语言的特点。共性内容可能由于迁移等作用发生语言间的联系，产生表征之间的联结。比如，词素的曲折变化特征或者句法特征在两种拼音语言之间就可能产生联结。与此相反，由于个性内容是每种语言特有的，所以必须独立表征，不会与其他语言发展联系。相对于拼音语言而言，汉语词汇的形式特征就是独立表征的。

第三，汉语是与拼音语言差异较大的语言系统。汉语词汇的表征必须体现汉语词汇系统的特点，而不能照搬拼音语言的表征模式。比如，汉语词汇缺乏内部曲折变化，词法与句法相对独立。因此，拼音语言词汇表征中的词素曲折信息与句法信息并不适用于汉语词汇表征。另外，汉语词与词之间没有自然文本边界，词边界信息也是学习者需要掌握的新型的词汇知识。汉语词汇的书写与发音特征也是这样。因此，汉语生造词心理表征中的形式特征（正字与发音）、词边界信息和构词法信息是独立表征的。

第四，外部世界的意义和概念是共同的，因此 L2 词汇表征中的语义项目是各种语言共有的内容。我们的实验表明，汉语词汇语义部分的表征并非独立，而是与学习者的母语（即英语）对译词的语义表征联结，通达概念和意义，并随着习得水平的提高，逐渐趋向简便、快捷。认知神经心理学利用动态人工神经网络的最新研究也证实：由于成人的 L1 表征结构非常稳固，神经网络的重组能力相应低下，因此其 L2 词汇表征需要依附或"寄生"于 L1 表征（Li et al. 2006）。由于目前的人工神经网络模型只能对词汇表征发展做宏观的描述，还不能区分表征内部各部分内容，因此我们认为，这一结论仅适用于表征中的语义部分，可以作为两种语言词汇表征中的语义表征关系发展的证据。

总之，我们在研究词汇表征问题时，要考虑到不同语言的差异，不能一概而论。

在讨论 L1 与 L2 词汇表征关系时，也应该根据表征中的不同内容分别加以讨论。就生造词心理表征而言，表征的四个组成部分只有语义部分与 L1 表征发生联结，其他部分如形式、构词和词边界信息都是独立表征的。

5.4.2 两种语言知识

如前所述，心理表征意味着语言知识的形成、重组或巩固（Jiang 2007）。因此，语言知识就是心理表征的核心内容。从加工和提取的角度看，语言知识有两种：一种是能够被自动提取、无意识地使用的知识；另一种是不能自动提取，需要有意识的回忆或努力才能使用的知识。这两种知识已经被广为认知，学者们从不同的角度使用不同的术语来区分它们。如 Bialystok（1978）的隐性语言知识（implicit linguistic knowledge）和显性语言知识（explicit linguistic knowledge）、Krashen（1982）的习得（acquisition）和学习（learning）、R. Ellis（1984）的分析 / 非自动的（analyzed-nonautomatic）表征形式与非分析 / 自动的（unanalyzed-automatic）表征形式、Hale（1988）的整合的语言能力（integreted linguistic competence）和有意识的理解（conscious intellectual understanding）。这一问题较早期的研究多强调"分析""整合""自发"等概念（如 R. Ellis 1984, Hale 1988, Bialystok 1978），后来似乎摒弃了"自动"的概念，更强调"意识"的作用。比如，Bialystok 早期的定义中，隐性知识指自动的能够在语言任务中自发使用的知识，显性知识则相反（Bialystok 1978）。在其后期的理论中，显性知识则与使用规则的意识知觉水平更加相关（Bialystok 1994）。另外，R. Ellis（1997）在区分显性知识与隐性知识时也更强调知觉和意识。他认为，显性知识指"学习者有意识的"表征，隐性知识是"直觉的，学习者不会意识到曾经学过它，并且对它的存在无意识"（R. Ellis 1997: 110-111）。

在讨论 L2 词汇表征时，Jiang（2000）也区分了"词汇知识"和"词汇能力"两个概念。他认为，存在于表征之内的是"词汇能力"，这种能力是"整合"在表征内部的，可以在自然交际中自动发挥作用；存在于表征之外的是"词汇知识"，是存储在表征之外的，词汇知识也可以在言语交际中发挥作用，但是这种作用不是自动的，需要一个有意识努力的过程（Jiang 2000/2007）。

其实，第二语言教与学的最终目的是培养学习者能够自然有效地使用目的语的能力（如 N. Ellis 1993, Segalowitz et al. 1998, Hulstijn 2001, Segalowitz 2003）。这种能力要求学习者能够在自然交际中自动提取和使用大脑中的知识，所以 L2 词汇习得就可以被看作是一个知识整合的过程。相应地，学习者是否有意识地使用他们的 L2 知识就变得不那么重要了。因此，我们在讨论词汇表征时，只要在众多的术语中使用"整合"与"自动化"两个术语就能说明问题。"整合"是词汇表征发展的结果或最终目标；"自动化"则是词汇加工发展的结果或最终目标。整合的过程包括把显性的语言知识转化为隐性的语言知识，而自动化就是无意识的词汇加工，有无意识的问题只是自动化加工的潜在心理状态而已。"整合"与"自动化"相辅相成，是一个问题的两个方面。

学习者在 L2 词加工时的不稳定性和自我纠正可以证明这两种知识的不同作用。当学习者注意力集中在形式或者意义上时，L2 生成的准确性会随之改变（如 Han 2000, Salaberry & Lopez-Ortega 1998）。这种不稳定性说明，相关的词汇知识还没有整合进表征结构。另外，学习者能够利用已有的知识监控自己的 L2 输出，常常外显地纠正自己的偏误（如 Green & Hecht 1993, Kormos 2000）。这种自我纠正实际上是词汇表征内外信息的共同作用（Jiang 2004）。说明至少有一部分相关词汇知识还不能自动地作用于 L2 词汇加工。

从生造词表征的发展看，从初级阶段到中级阶段，学习者需要有意识地回忆 L1 对译词以提取语义信息，因此这一时期的语义知识还没有整合进表征。随着语义提取路径不断重复，到了高级阶段，中间环节简化，汉语词形与 L1 对译词语义建立直接联结，L1 对译词语义能够被自动提取，这时，语义信息已经整合进表征。初级阶段，词边界和构词知识还只是隐性的知识，存在于表征之外。在没有接受词汇知识和规则教学的情况下，经过一定的语言接触，学习者能够从语言经验中总结一些规律，逐渐形成一定的词边界和构词意识。这些意识能够"无意识"地作用于词汇加工。因此，我们认为隐性的语言知识已经进入表征，能够自动地发挥作用。尽管在词汇的生成中出现了偏误词，但是偏误词其实是学习者认为的正确 L2 形式，这也在一定程度上反映了表征知识在词汇加工中的运用是无意识的。

5.4.3　生造词表征知识的获得

儿童习得 L1 时，语言知识是随着认知能力一起培养起来的，因此 L1 词汇知识在人脑中高度整合，并且能够在词汇加工中自动发挥作用。成人学习 L2 时的情况则不同，由于大脑中已经有一套意义系统，加上语言有效输入量的不足（Jiang 2000），就使成人的 L2 加工有一个特别之处：不是大脑中所有的语言知识都能够在自然交际中自动发挥作用。也就是说，成人 L2 学习者大脑中的 L2 知识有两种：一种是"非整合的"和"非自动化的"，另一种是"整合的"和"自动化的"。因此，我们在讨论词汇表征问题的时候，也可以用"整合"与"自动化"与否来区分学习者这两种 L2 词汇知识：①表征外的知识是非整合的、非自动的，需要学习者有意识地回忆和使用才能作用于词汇的加工。表征外的知识是外显知识，一般可以通过课堂教学或者自学获得。②表征内的知识是整合的、自动化的知识，能够在学习者无意识的状态下发挥作用。这种词汇知识也被称为功能性的"表现型知识"（performative knowledge）（Crystal 2000）。

由于表征内的"表现型知识"能够实现词汇的"自动加工"（automatic processing）（如 Favreau & Segalowitz 1983, McLaughlin 1990, Schmidt 1992），是"整合的语言能力"（integrated linguistic competence）（Hale 1988）。因此，我们需要思考 L2 学习者词汇表征中这种整合的知识是如何获得的。

第一，由于成人 L2 学习者大脑中已经有了一套完整的语言及语义系统，当他们的 L2 知识还不完善时，他们会很自然地求助于 L1 系统。也正是由于 L2 知识的不完善，在很多情况下，学习者会认为两种语言结构比较近似，可以应用他们的 L1 知识帮助 L2 的加工。很多情况下，这种应用能够成功地完成交际任务。于是，学习者会反复地使用这种策略，最终使原本的偶然变成必然，L1 知识在 L2 中变得越来越稳固。这种 L1 知识在 L2 加工中的作用，也被称为知识迁移，体现在语言的各个方面（如 Broselow 1984, Hancin-Bhatt 1994, Jiang 2002/2004a, Montrul 2001, Flege & MacKay 2004, Helms-Park 2001, Yu 2004）。从词汇的角度看，词汇语义的迁移就是很好的例证，我们在前文已经有过讨论。因此，L1 词汇知识就是表征内整合知识的重要来源。L1 词汇知识可以通过迁移进入 L2 词汇表征。在生造词表征结构中，这是语义知识的主要获得途径。

第二，学习者也可以通过有效的语言输入或语言接触获得某些语言知识。比如，母语为拼音语言的学习者在最初接触汉语文本时，可能会很不适应这种以字为基本单位的文本排列，也就是说，词与词之间的边界没有自然标志。从另一个角度看，这种不适应其实也是一种潜在的"注意"，提醒学习者注意词边界知识，从而逐渐培养起词边界意识。另外，汉语的词法相对独立，构词规则也是随着语言经验的增加逐渐在学习者大脑中建立起来的。这种获得知识的途径在早期的第二语言习得研究中就得到了重视（如 Dulay & Burt 1973/1974, Cooper et al. 1979），并且一直持续到现在。目前，关于词汇的偶然习得和频率效应的研究（如 Hulstijn et al. 1996, N. Ellis 2002）依然是研究的热点。这说明，语言接触也是词汇表征知识的重要来源。随着 20 世纪 70 年代建构主义的兴起，语言知识的这一获得过程也被称为知识的建构（Jiang 2007）。在看待学习活动上，建构主义教学观认为，学习的本质是学习者按照已有的经验与知识主动建构新知识的过程，学习活动是创造性的（Steffe & Gale 1995）。可以看出，无论学者们如何定义，这一类语言知识的增长大都是一个无意识的过程。在 L2 语言接触的过程中，新的词汇知识逐渐建立、增长、建构，并且整合进词汇表征结构。

第三，整合的知识也可以由教学或自学的显性知识转化而来。这种显性知识可以通过大量的练习逐渐转化为整合的知识，自动作用于语言加工。成人学习 L2 学习者主要是通过正式的课堂教学，因此这一知识转化过程显得尤为重要。如何帮助学习者实现这一转换是许多教学法设计的基本原则（如听说法 the audio-lingual method）。问题是，显性的语言知识在多大程度上能够成功转化为整合的表征知识？虽然有证据显示，学习者的确能够从显性知识教学（如结构中心教学 FFI）中受益（R.Ellis 2002, Norris & Ortega 2000），但是由于缺乏有效的测量手段，我们还不能最终肯定这种显性知识在语言自动加工中的作用（Jiang 2007）。理论上说，词汇表征内的每一种知识都可以通过课堂教学或者自学涉及，因此，在生造词表征结构中，所有类型的词汇知识都可以通过显性知识的转化获得。关于如何在教学中帮助显性知识的转化，我们将在下一章进行讨论。

综上所述，生造词表征知识有三种来源：L1 词汇知识、汉语语言接触、显性知识的学习。词汇知识通过迁移、构建、转化整合进词汇表征。知识的来源决定了其整合的手段。大体上说，表征中的词边界与构词信息主要是通过汉语接触逐步构建而成，语义信息主要由 L1 词的语义知识迁移而来，表征中所有知识也都可以从学习显性知识转化获得。如表 5-1 所示：

表 5-1 生造词表征知识整合的三种途径（改编自 Jiang 2007）

知识来源	整合过程（主要知识类型）	表征结果	加工结果
L1 词汇知识	⟶ 知识迁移 （语义知识）		
L2 语言接触	⟶ 知识构建 （词边界／构词知识）	⟶ 整合知识 ⟶	自动能力
显性词汇知识学习	⟶ 知识转化 （所有类型的表征知识）		

需要指出的是，表 5-1 仅显示了生造词表征内的各种知识的主要整合方式。事实上，一种表征知识的来源与获得途径可能不止一个，最后进入表征的信息可能是几种信息来源整合的结果。比如，表征中的语义信息可能最先通过知识迁移进入表征，但是在不断的语言接触中，学习者可能会发现 L1 对译词与 L2 词语义之间的差异，从而产生新的语义知识的构建。此外，教学中的对比讲解也可以帮助学习者认识差异，促进知识的转化。因此，最后进入表征的语义知识可能是三种途径综合作用的结果。

另外，虽然表征内部的知识是整合的，能够自动在词汇加工过程中发挥作用，但是由于第二语言习得的特殊性，进入表征的知识不一定就是准确完善的。学习者需要经历一个建立表征—充实表征—完善表征的过程，逐渐达到类似母语使用者词汇表征的状态。在这个漫长的过程中，大部分的词汇习得会停留在某一个阶段，产生僵化。因此，不完善的表征信息还会在词汇加工中反映出来，导致词汇偏误。

5.4.4　表征发展与词汇偏误

词汇偏误的种类很多，各种偏误产生的机制也不同。本书主要讨论的造词偏误是学习者根据已有词汇知识创造出的汉语中没有的被当作词用的语言形式。造词偏误主要是由于学习者汉语词汇表征知识的缺失或不完善造成的。反过来看，由于偏误是词汇加工的产物，造词偏误本身也可以作为生造词心理表征发展的证据。

偏误分析表明，与语义相关的偏误比例最大，而在词汇表征中，语义内容的发展最为复杂，也是最受 L1 对译词影响的部分。前文指出，当 L2 词和它的 L1 对译词在语义上不完全重合时，对译词或对译词义的中介作用就会导致偏误的出现。这种偏误在研究中常常被归类为 L1 迁移或干扰而产生的偏误。迁移产生的偏误被认为是 L2 词汇生成偏误产生的主要原因（Jiang 2000）。Zughoul（1991）研究发现，128 名大学水平的 ESL 学习者出现的 691 例书面偏误中，有 73% 都与 L1 干扰有关。这一结论与我们的研究基本相符。不同的是，西方学者认为句法也是词条表征的组成部分，因此把涉及句法和语用的词汇偏误也计算在内（如 Hakuta 1987, Dalgish 1991, Zughoul 1991, Jiang 2000）。我们认为，由于汉语的特殊性，词条表征与句法是不同层面的问题，不应该混为一谈。因此，在汉语词汇表征的层面上讨论词汇偏误中 L1 的迁移问题，主要只涉及语义部分。

与其他语言一样，汉语的语义发展是一个缓慢的过程，而且常常并不能完全成功（Jiang 2004）。一项历时的词汇习得研究发现，经过一年的学习，"（学习者）绝大多数意义感知还停留在原来的知识水平"（Schmitt 1998: 300）。另一项历时研究显示，高级学习者在产出性词汇上的进步非常小（如 Laufer 1991/1998）。即使到了习得的高级阶段，学习者依然会出现因为意义导致的词汇偏误（如 Lennon 1991, Singleton 1999, Sonaiya 1991）。甚至儿童的 L2 习得也会在语义发展上慢于母语习得（Verhallen & Schoonen 1993）。

如果语义的发展如此困难，那么我们如何解释这样一个事实：即使在初级阶段，学习者也能够正确地使用许多 L2 词汇，而且随着习得水平的提高，迁移类词汇偏误通常会大大减少？这是否说明 L2 词汇表征中语义发生了成功的建构和发展？这一现象可以从以下几个方面进行解释。

第一，从表征发展的角度看，虽然大部分的词汇习得会出现僵化，但并不代表词汇发展就一定会停留在这里。随着长期有效的语言接触，汉语词特有的语义概念也可以逐渐替代或者修正表征中的 L1 对译词语义信息，融入汉语词条表征中。因此，即使语义发展无法最终达到理想状态，也确实发生了部分的形义重新映射或联结，减少此类偏误的产生。

第二，从另一角度看，迁移类偏误的消失也不一定是词汇表征知识发展的结果。一种语言中大量的词常常与它们在另一个语言的对译词在意义上有很高级别的重叠性（如 Jiang 2002）。比如，汉语中的"山""喝"等词与英语对译词意义的重叠性就很高。初级和中级阶段所学习的大多数词都属于这一类。因此，大部分情况下，学习者利用 L1 表征知识获得的语义信息在汉语词汇加工中很可能运用得非常成功，并不一定会造成表面上的偏误（如 Singleton 1999）。从某种角度看，这种中介作用辅助了汉语词的加工和使用（如 Jiang 2002），也就是说，正确的词汇加工反而在一定程度上证明了 L1 的中介作用。

第三，迁移类偏误的减少也可能是表征外的显性知识作用的结果，并不一定代表语义内容发生了变化。比如，汉语学习者开始学习汉语词"老"和"旧"，这两个新词的母语对译词均为 old。初级阶段学习者通过英语词 old 提取"老"和"旧"的意义，容易出现偏误。后来，学习者"学习"了这两个词的不同，学习到的显性知识帮助他们在语言输出中根据不同的情境选用正确汉语形式，从而减少了偏误的发生。这种语言输出其实涉及了两个心理过程：第一步，"老"和"旧"激活同样的 L1 对译词语义特征，第二步，词汇知识决定选择正确的形式。需要指出的是，如上文所述，这种词汇知识不一定是词汇表征的整合部分，不一定是自动能力，但是可以作为表征知识的来源，转化为整合的表征知识，从而在词汇加工中自动发挥作用。

总之，显性知识的获得和词汇偏误的减少不能有效地证实 L2 词汇表征内语义信息的发展。L2 词汇心理表征的发展可以用于解释词汇偏误的生成，但是反过来看，偏误现象的变化并不能等同于词汇表征的发展。偏误作为表征发展的证据还需要综合考察利用。

5.5 对本研究的思考

5.5.1 对研究方法的思考

本研究主要从"验证过程"和"考察机制"两个方面对汉语生造词的心理机制进行了研究。从具体方法上看，研究实验均采用纸笔测试的方法，根据学习者的测试成绩判断他们表相关知识的习得状况。总的来看，实验能够比较好地反映出学习者相关词汇知识的发展，使我们大体描绘出词汇知识和心理表征的发展模式。

然而，无论"过程"还是"机制"都涉及比较复杂的心理过程。如前文所述，词汇心理表征内的词汇知识是整合的自动化的知识，如何有效地界定和考察这些知识一直是学术界难以解决的问题。除了传统的纸笔测试外，学者们还利用多媒体设备，尝试了各种实验。但是，每种实验方法都有其不足之处。

目前常用的方法有：自由输出、语法判断、限时任务、双重任务法等。自由输出类实验主要用于教学研究（R. Ellis 2002），通常要求被试口头报告所呈现的音像信息（如 Muranoi 2000, Salaberry 1997）或图片（如 Erlam 2003, Muranoi 2000）。语法判断类实验可以使用语音呈现材料（如 Murphy 1997, Whong-Barr & Schwartz 2002），进行计时语法判断。限时实验常常与语法判断实验相结合使用（如 De Graaf 1997, N. Ellis 1993, Robinson 1996/1997），可以要求被试用最短的时间完成任务（如 de Graaf 1997），也可以要求在限定时间内完成任务（如 Bialystok 1979），主要用于研究自动性与隐性知识的发展。本研究的实验均为限时类实验。双重任务法是借鉴心理语言学的研究范式，实验比较被试在单一任务和双重任务两种条件下运用相关知识的差异（如 DeKeyser 1997），从而判定被试注意力、记忆、语言加工和心理认知能力的发展状况（如 Wurm & Samuel 1997, Waters & Caplan 1997, Furst & Hitch 2000）。

总体上看，以上实验方法都是基于这样一种假设：整合的表征知识运行速度较快，不需要学习者有意识的注意，能够自然作用于语言材料，因此不会受时间或者额外任务的干扰。但是仔细研究，我们不难发现，这些方法都涉及同一个问题：无法杜绝显性知识的运用。比如，自由输出和限时完成任务都加大了使用显性知识的难度，但并没有使其成为不可能（R. Ellis 2002, DeKeyser 2003, Jiang 2007）。这些实验设计对"自动化"的定义似乎是"又快又准"。但是，在特定条件下，学习者也可能又快又准地利用显性知识完成实验任务。即使加快速度、增加任务，学习者使用 L2 在很大程度上也是受显性知识的监控（Paradis 2004）。

相关效率测量范式是一种比较革新的实验方法。研究者们套用统计公式来研究词汇识别自动化程度（如 Segalowitz et al. 1998, Segalowitz et al.1995；转自 Jiang 2007）。这种实验比较复杂，其原理是：自动化不仅仅意味着加快运行某一过程，也意味着在运行中去除冗余部分，或重新整合。实验把速度定量与知识重构定性相结合。统计指标为反应时的变异系数（CVRT）（即反应时 RT 平均数除以标准差 SD）。当 RT 变化而 CVRT 不降低代表正常提速，没有发生知识重构。RT 变化 CVRT 降低被认为发生了知识重构，达到了提取自动化。这一研究方法的优点是能够把显性知识的运用最小化，但问题在于 CVRT 的操作定义是一个连续体，因此很难划分自动化与非自动化反应的界限（Jiang 2007）。而我们在 L2 词汇心理表征研究中，需要一种可靠的、两分的操作性定义来界定词汇知识的性质（Jiang 2007）。

另一种革新的方法是计算机辅助的自控速度阅读实验。这种方法曾经广泛用于研究句子加工（如 Frazier & Clifton 1998, Trueswell 1996）。Jiang（2004b, 2007）两次使用这一方法研究词汇识别中的自动化问题。具体方法是：在计算机屏幕上呈现实验用句，模拟正常阅读顺序和方向。计算机记录下被试每个词的阅读速度。最后根据母语和非母语被试在不合语法项目时滞留的时间差来考察不同被试对语法项目的敏感度，从而判定相关词汇知识的自动化程度。这种方法有效地解决了自动化划分的问题，也能够比较好地利用学习者的"直觉"而非显性知识来完成任务。但这一方法的主要问题是，首先，仅仅依靠每一个词的阅读时间的差异不能完全说明学习者对相关语言知识的掌握程度，同样面对一个偏误词，母语使用者也可能因为非常熟识而"宽容"地快速略过，非母语者也可能"似是而非"地怀疑，甚至会有意识地提取学过的显性知识去"审视"，导致时间的延长。其次，句子的选词、意义和难易度都可能成为干扰因素，影响实验信度。最后，对于汉语来说，这种实验方法的借鉴度非常有限。英语词与词之间有自然间隔，计算机比较好模拟实际阅读过程。汉语句子的阅读本身涉及词边界划分问题，学习者的阅读理解策略可能各不相同。因此，无论是以字还是以词为单位呈现材料都无法模拟出实际的阅读过程，也无法用于考察汉语词汇表征特有的词边界知识发展状况。

综上所述，目前 L2 词汇习得领域使用的实验方法都各有利弊，由于心理过程的复杂性，目前还没有一个完善可靠的方法来考察和定义语言知识的"整合性"与"自动化"。另外，一些用于拼音语言的实验方法也不能直接套用在汉语研究中。因此，我们的实验也只能考察出学习者词汇知识习得的大体发展情况，并依此对词汇知识的发展做出理论上的讨论和分析。如何设计出能够更加有效排除显性知识的运用，符合汉语词汇表征特点的研究方法，是我们需要不懈努力思考的问题。

5.5.2 对研究结论的思考

本研究结论主要涉及两个方面：一是造词偏误的心理机制，二是词汇心理表征。偏误机制方面，我们通过考察词汇表征知识的发展对造词偏误的心理机制做出了解释。需要说明的是，偏误的出现不只关系到深层的心理机制，还涉及表层产出机制。表层产出机制用于解释偏误词汇的加工和生成。限于篇幅，本书只从认知的角度，讨论了偏误出现的深层机制。表层机制还需要结合研究结论，寻求新的理论支持，另文研究。

表征研究方面，我们通过对 Jiang（2000）的 L2 词汇表征发展模型假说的验证，描述了汉语词汇心理表征的发展阶段，并结合造词偏误的机制考察，讨论了生造词这一特殊类别的词汇心理表征的构成和发展模式。词汇表征研究建立了一个大的框架，使我们能够把词汇研究的方方面面纳入其中。也正是由于这一框架的容量较大，我们发现还有很多值得思考的问题。

第一，L2 学习者需要具备的两个基本词汇技能是理解和产出。研究表明，L2 词汇的理解与产出在技能上存在着很大差异（如 Waring 1999， Laufer 1998，孙晓明 2008）。也就是说，理解性词汇与产出性词汇的发展具有不平衡性（孙晓明 2008）。从词汇表征的角度看，这种不平衡性的内在机制也是两种词汇表征结构发展的不平衡。比如，理解性词汇只需要简单地建立 L2 词形与 L1 对译词的形义联结，而产出性词汇则需要在表征中有整合度更高的语义信息（孙晓明 2008）。两种词汇表征发展的不同也导致词汇加工方式的不同，理解性词汇更依赖 L1 对译词义进行加工，而除了语义之外，产出性词汇还需要从表征中提取更多信息完成加工。我们可以在词汇表征的框架下，对这两种词汇在不同阶段的发展状况和加工机制进行更加深入的研究探讨。

第二，我们的研究大体地描述了汉语词汇习得的僵化现象。但是生造词表征知识有四个组成部分，每个部分的发展也是不平衡的。研究发现，L2 学习者总是对某些知识的习得要好于另一些（如 Johnson & Newport 1989, DeKeyser 2000, Han 2004）。比如，成人的 ESL 学习者普遍很难达到母语使用者的语素曲折能力（如 Lardiere 1998, Long 2003, Schmidt 1983, White 2003），几乎形成了一种"模式化的僵化"（Han 2004）。这说明表征内语言知识的整合似乎是有选择性的（Jiang 2007）。有的语言知识能够通过转化或构建成为 L2 学习者自动能力的一部分，有的则很容易出现发展僵化。汉语生造词表征知识整合性如何？是否也具有一定的选择性？汉语词汇习得中是否也存在这样的"模式化僵化"？如果我们能够开发有效的测量手段，研究区分这些可整合的和不可整合的词汇表征知识，将在汉语词汇习得研究上取得长足的进步。

第三，Wode（1986）指出，语言间的干扰在语音、语法和语用等不同方面都有不同的内在机制和过程。生造词表征中，语言间的干扰主要体现在语义方面。本研究考察的主要是最初通过 L1 翻译习得的汉语词的认知。那些在 L1 中没有对译词或对应概念的汉语词，可能涉及完全不同的心理过程。由于这些词汇是汉语中特有的，有着特定的语义概念，比如"缘分""单位""随礼"等。因此，这一类汉语词汇的习得伴随着新的意义概念的构建。意义概念的构建是一个缓慢的过程（如Verhallen & Schoonen 1993），因此我们可以推测这些词的习得需要一个相对较长的时间。但是，由于没有 L1 的影响，这些词一旦被习得，语义知识就会与表征中其他信息，特别是形式特征高度整合，语义信息可以像学习者的 L1 词汇一样被自动提取和使用。这种涉及不同心理过程的词汇表征发展也是很值得我们进一步研究的。

总之，本书我们借助实验研究，考察了汉语词汇表征发展的阶段性，初步揭示了生造词这种特殊类型词汇产生的深层机制。由于深层机制和表征发展涉及复杂的心理过程，无论在研究方法上还是在研究结论上，都有许多值得深入思考的问题，有待我们努力探索解决。

第六章　本研究对汉语词汇教学的启示

词汇教学是语言教学的最主要部分，但却一直是对外汉语教学中的一个薄弱环节（高燕 2008）。本章将利用前文研究结果，从教学的角度思考词汇心理表征知识和相关问题，并进一步探讨汉语词汇教学的任务和策略。

6.1　造词偏误心理机制研究对教学的启示

学习者造词偏误的产生是由于词汇心理表征信息的缺失或不完善，不同类型的偏误反映了不同种类的词汇知识的不足。这一研究结论对汉语词汇教学的启示至少有两点：①由于词汇习得涉及多方面的词汇知识，要帮助学习者建立完备的词汇表征，词汇教学也必须是多层次多方面的。②根据不同词汇知识的特点，我们需要选择不同的方法进行词汇教学。

6.1.1　词汇知识教学的构成

总体上说，词汇知识教学主要涉及两方面内容：一是词汇知识的广度，即词汇量问题；二是词汇知识的深度，即学习者对词汇形式、意义和使用信息的掌握。本研究所讨论的词汇心理表征知识属于词汇知识深度的范畴。我们知道，学习者除了需要知道大量的词以外，还需要知道如何正确地使用这些词。因此，词汇知识的深度与广度一样重要。问题是：深度的词汇知识（以下简称"词汇知识"）都包括哪些内容？也就是说，学习者真正习得一个词需要掌握哪些方面的知识？这一问题对我们思考词汇教学至关重要，因为知道了学习者需要学什么，才知道我们在词汇教学中应该教什么。

实际上，学术界对 L2 词汇习得或 L2 词汇知识习得一直没有准确的定义（Jiang 2000）。在 L2 词汇实验研究中，学者们通常采用的是各自实验的操作性定义。也就是说，学习者只要能够识别、回忆出目标词的意义，或者能写出定义、同义词或翻译，就算习得了词汇（如 Markham 1989, Brown & Perry 1991, Hulstijn 1992, Fischer 1994, Griffin & Harley 1996 等）。这种观点反映在教学上，造成一个普遍现象：词汇教学大都只关注词的形义识别。如果学习者知道一个词的形式和意义，我们就认为他学习了这个词（Schmitt 2008）。不可否认，形义联结的建立是学习者学习词汇的第一步，对词的识别和加工至关重要。但是，知道一个词的书写形式和意义，并不能说明学习者在交际中就能够准确有效地使用它（Ellis & Beaton 1993）。学习者要想正确地进行 L2 词汇加工，仅靠形式和语义知识是远远不够的。我们的研究发现，学习者在生成或输出汉语词汇时，至少需要具备语义、词边界、构词法等词汇知识。因此，词汇知识是一个由不同种类知识组成的整体（Ellis & Beaton 1993）。Richards（1976）提出 8 个"涉及词汇能力性质的假定"。他认为词汇知识不仅仅包括一个词的形式和意义，也包括词与词之间的联结信息、上下文信息和情境限制等。Nation（1990）认为，词汇知识由形式、位置、功能和意义四个层面组成。经过进一步的研究整理，他最终将学习者需要知道的"词汇知识"定义为形式、意义和使用三个方面。他认为，在使用方面，学习者需了解词的搭配和语法规则（Nation 2001）。但是，形式和意义是静态的词汇知识，而使用则是动态的词汇加工，与短语结构和句法结构相关，因此，形式、意义与使用并非一个层面上的词汇问题。Jiang（2000）从心理语言学词汇表征的角度区分了"词汇知识"和"词汇能力"的概念。他认为，"词汇知识"指 L2 学习者记忆的关于一个词的形式、意义、语法规则和社会语用知识。这些知识是作为显性知识教授给学习者，并记忆下来，在使用时需要有意识的提取。"词汇能力"则指词条表征内部的语义、句法、词素和形式知识，这些知识在自然交际中能够被自动提取。因此，词汇能力是程序性知识，词汇知识是陈述性知识（Jiang 2000）。我们认为，词汇习得的过程就是获得词汇知识并将词汇知识转化为词汇能力的过程。词汇知识存储在何处、如何发挥作用是随着心理表征与词汇加工在不同习得阶段的发展而变化的，词汇知识本身的定义和内容并不会发生动态变化。所谓的"能力"

就是高度整合与自动化的"知识"。因此，我们在讨论词汇知识构成的时候，由于不涉及知识发展的动态变化，可以用"知识"一概而论。

　　如前文所述，汉语与拼音语言不同，词与词之间没有文本上的自然间隔，词内部缺乏曲折变化，词法与句法相对独立。显而易见，汉语词层面的知识本身就具有一定包容力。因此，我们在定义汉语词汇知识时，不能照搬拼音语言的词汇知识定义，而要根据汉语词汇的实际情况进行讨论。仅在词的层面上讨论词汇知识，不涉及词的句法和语法功能。所以，词汇知识构成与词汇表征结构的内容是一致的，一种表征结构反映了一种词汇类型所需的主要知识构成。本书着重讨论的是汉语生造词心理表征，这一特殊类别的词汇心理表征结构就反映了学习者在造词过程中所涉及的主要知识类型。从总体上看，表征的内词汇知识包括词目知识和词位知识。词位知识是词的外观形式信息（外显知识），包括词的书写、发音和词边界知识；词目知识是词的内在信息（内隐知识），包括构词法和语义信息。因此，本书所讨论的汉语词汇知识教学，也主要由外显知识教学和内隐知识教学两大部分构成。

　　目前，词汇教学材料和教学活动多以内隐知识为重，尤其重视词汇语义的习得，外显信息教学相对薄弱，词汇形式特征的重要性往往被忽视（Schmitt 2008）。研究表明，L2 学习者在词形上也有很多问题（如 Laufer 1988, Bensoussan & Laufer 1984, Grainger & Dijkstra 1992）。汉语学习者在书写和发音上的问题更是举不胜举，这里我们就不再赘述。需要特别指出的是，汉语词汇外显知识还包括词边界信息。造词偏误分析表明，词边界信息不足也是导致偏误产生的主要原因之一，但是词边界知识教学并没有引起足够的重视。从心理语言学的角度看，由于 L1 的习得与人脑认知能力的发展是同步的，因此大脑的语言加工程序与 L1 特征和规则高度吻合（Doughty 2003, N. Ellis 2006）。当这一套高度自动化的加工程序遇到全新的 L2 系统时，大脑仍然会自动启用 L1 加工程序，导致 L2 加工困难（如 Cutler et al. 1986, Cutler & Norris 1988, Schmitt 2008）。以词边界信息加工为例，听说语境下，英语使用者主要利用重音在语流中分隔词边界，法语使用者依赖音节提示，汉语使用者需要辨别语流中的停顿和间隔紧疏。书面语条件下的加工则更加不同（如 Koda 1997/ 1998）。实验证明，如果将拼音语言词之间的空格去掉，被试的阅读速度会明显下降，这说明拼音语言使用者在阅读中非常依赖空格这一词边界信息（如 Hochberg et al. 1966, Fisher 1975, Everson 1986, Mirris et al.1989）。不难想象，当母语为拼音语言的学习者开始学习汉语时，大脑原有的 L1 词边界加工程序必然会给他们识别汉语词边界造成很大困难。所以，除了汉语新词的发音和书写特征以外，全新的汉语词边界知识也是学习者面临的主要任务之一，应该受到词汇教学的重视。总体上说，汉语外显词汇知识教学应该和内隐词汇知识教学同样重要。

6.1.2 直接词汇教学与间接词汇教学

语言教学的最终目的是帮助学习者更快更好地习得语言项目。因此，教学理论与习得理论密不可分。根据习得途径的不同，词汇习得一般被分为两种：有意识的词汇习得（intentional vocabulary learning）和伴随性词汇习得（incidental vocabulary learning）。"伴随性词汇习得是指在任何一种不以词汇学习为外在目的的学习活动中发生的词汇习得，这种词汇习得是学习活动的副产品。而有意识的词汇习得则指任何一种以记忆此条信息为目的的学习活动。"（Hulstijn 2001: 271）因此，学习者的注意力和学习任务形式是区分二者的关键。

与此相关的一对教学概念是以意义为基础的教学（Meaning-Based Instruction，简称"MBI"）和以形式为中心的教学（Form-Focused Instruction，简称"FFI"）。MBI 教学的特点是帮助学习者在运用中学习语言项目，避免直接翻译意义、解释形式或者介绍规则。受交际语言教学的影响，目前 MBI 在语言教学界比较流行（Schmitt 2008）。与此相反，FFI 教学则要求在教学活动中引导学习者注意语言形式，进而发生习得（R. Ellis 2001），需要说明的是，"形式"不仅指书写和发音等外在形式，也包括形式的意义和功能（Laufer 2006）。因此，形式指整个目标语言项目。FFI 教学又分两种：以形式注意为中心 （Focused on Form，简称"FonF"）和以形式教学为中心（Focused on Forms，简称"FonFs"）。前者强调在交际活动中引导学习者关注语言项目（如 DeKeyser 1998, Ellis 2001, Long 1991, Norris & Ortega 2000），目标词汇的习得是在交际任务环境中发生的；后者则强调独立的词汇教学，根据大纲安排，专门讲解新词。可以看出，FonF 教学条件下产生的是伴随性词汇习得，而 FonFs 条件下的教学是有意识的词汇习得。

学者们从不同的研究视角，对词汇习得和教学理论加以区分，使用了不同的又各有交叉概念的术语。根据以上阐述，我们可以仅从词汇知识教学的角度，简单地把词汇教学分为"直接词汇教学"和"间接词汇教学"两种。直接词汇教学指利用翻译、释义、说明、举例等手段直接进行 L2 新词讲解。代表有词表法、翻译法、释义法等。直接词汇教学与有意识的词汇习得相匹配，教学中教师把词汇知识当作显性知识传授，学习者把目标词汇当作学习对象。间接词汇教学指教学活动以阅读理解、完成交际为任务，教师不进行集中的直接词汇知识讲解，而是引导学习者在任务中习得词汇知识或者巩固词汇知识。代表有语境法、交际法、听说法等。间接词汇教学与伴随性词汇习得相匹配，教学中教师把词汇知识当作隐性知识，学习者把目标词汇当作完成任务的工具。需要说明的是，这两种词汇教学都是有计划有针对性的词汇教学，教学目的都是帮助学习者掌握目标词汇知识，因此词汇习得不是所谓的"副产品"。

由于以上几组概念角度不同，概念之间的交叉和重叠也较为复杂，我们从几个主要方面，用表 6-1 对这些概念进行归纳总结：

表 6-1　词汇教学与词汇习得方式对照表

类别		知识获得途径	学习者注意力	主要词汇习得方式	教学方法
FFI	FonFs	翻译、讲解等	语言形式本身	有意识的词汇习得	直接词汇教学
	FonF	交际活动	交际任务	伴随性词汇习得	间接词汇教学
MBI		交际活动、阅读等	语言任务	伴随性词汇习得	间接词汇教学

从形式中心还是意义中心的教学理念之争来看，虽然基于意义的教学（MBI）比较符合当前以交际法为主的语言教学潮流，但事实上，仅仅通过纯粹的以意义为中心的学习，L2 学习者无法达到较高的语言能力（Laufer 2006）。从理论上看，只有学习者有意识地注意到词汇的形式和意义，才会使输入的知识产生内化（Schmidt 1990/1994）。"有限加工能力假说"（Limited Processing Capacity）认为，学习者的 L2 加工能力是有限的，如果把有限的注意力放在词汇意义上，就没有足够的精力来注意新词的形式和其他信息，必然会影响词汇的习得（VanPatten 1990）。多项实验结果也证实，完全以意义理解为中心的词汇习得效果比注重形式的词汇习得效果要差（如 De la Fuente 2002, Ellis & He 1999, R. Ellis et al. 1994, Knight 1994, Luppesku & Day 1993, Watanabe 1997）。因此，以形式为中心的词汇教学（FFI）也是必要的。

从有、无意识的词汇习得方式看，如表 6-1 所示，以形式为中心的教学（FFI）包含了伴随性习得和有意识习得两种方式。伴随性词汇习得的理论基础之一是"默认假说"（default hypothesis），即 L2 词汇主要从阅读输入中获得（Laufer 2006）。在输入量足够大的情况下，就会发生词汇习得（Read 2004）。在交际法教学盛行的今天，伴随性习得的理念和 MBI 教学一样，有很大吸引力。似乎只要能够给学习者提供足够的可理解输入，L2 词汇习得就在很大程度上能够由学习者自己完成，不需要教学干预。但是，默认假说本身存在一定的问题（Laufer 2003/ 2005a/ 2005b）。学习者不一定会在输入中注意到生词。即使注意到了，也不是总能猜测出词义。即使可能猜测出词义，也不一定能够在大脑中记忆储存。多项研究证实，只有很少量的词汇能够以这种方式习得（如 Day et al. 1991, Horst et al. 1998, Hulstijn 1992, Waring 2003, Zahar et al. 2001, Swanborn & Gloper 2002, Pulido 2003, Vidal 2003）。张金桥（2008）以词表背诵法和文本阅读法为例，比较了汉语词汇直接学习（即有意识地学习）与间接学习（即伴随性学习）的效果。结果显示：直接学习与间接学习都对学习者理解性词汇知识的学习有促进作用，直接学习比间接学习更能促进学习者理解性词汇知识的学习。另外，仅仅依靠伴随性习得，无法满足 L2 交际对词汇知识的需求（Wesche & Paribakht 1999）。因此，有意识的词汇习得必不可少（Schmitt 2008）。

综上所述，我们不难得出这样一个结论：MBI 和 FFI 教学、有意识习得和伴随性习得不是矛盾的，而是互补的（Hulstijn 2001, Schmitt 2008）。词汇教学需要用不同的方法，教师一方面要重视显性词汇知识的直接传授，另一方面要提供大量的材料和练习，帮助学习者巩固词汇知识、促进隐性知识的习得，直接词汇教学和间接词汇教学都是词汇教学必要组成，两者在教学中一样重要。首先，直接词汇教学比间接词汇教学更高效、更利于长时保持，也更容易达到产出性水平（Schmitt 2008）。Laufer（2005）对显性词汇知识教学（直接词汇教学）的即时后测显示，学习者获得的理解性词汇达到 70%。虽然这一比例在两周后降低为 21%—41%，但是仍然远远高于伴随性词汇习得成果。Smith（2004）也在实验中得到了相同的结论。我们在教学实践中也不难观察到，直接词汇教学能够帮助学习者快速高效地扩大词汇知识，是词汇教学的基础。

其次，从时间投入量的角度看，巩固已学的词汇知识比学习新的词汇知识更加重要（Nation 2001）。de Groot（2006）实验发现，如果学习者每次接触目标词汇 10 秒，共接触 6 次，学习者在一周后还记得 43%—70% 的目标词。由于每次接触时间很短，总共花费的时间也较短，但是习得效果却很好。这一实验结果证实，词的复现是非常重要的，不然一知半解的词很容易被遗忘，反而浪费了已经投入的时间和精力（Nation 1990）。虽然学术界对于学习新词需要复现的次数还没有统一的答案，但是研究表明，一个词最少也要复现 5 次以上才能被学习者习得（Nation 2001）。江新等（2005）对汉语学习者的伴随性词汇学习研究表明，新词出现 6 次时，词汇学习的效果较好。这说明，与学习新的词汇信息相比，学习者更需要巩固已经获得的词汇信息。Meara 等（1997）发现，使用听说法和交际法的教师话语里每 500 词里只有 2.75 个新词。他们认为，尽管新词的曝光率会在一定时间内增加，这种教师话语（teacher talk）的实际意义在于不断地重复学习者已知的高频词，从而帮助学习者巩固和加强已有的词汇知识。从这个角度看，此类教学也是非常有益的。因此，词汇知识的复现和巩固也是词汇教学的重要内容，复现时不必重复讲解显性知识，而可以通过间接词汇教学有计划地完成。帮助学习者巩固和加强已有的词汇知识，是间接教学的重要任务之一。

再次，词汇习得是复杂和多样的（N. Ellis & Larsen-Freeman 2006）。仅仅依靠直接的显性知识教学不可能面面俱到。因此，还需要大量有意义的输入，在不断加强直接词汇教学的成果的同时，促进各类词汇知识的伴随性习得。Tang 和 Nesi（2003）对比研究了香港与广州两地的英语课堂。香港课堂依靠灵活多样的任务、材料和话题辅助教学，而广州课堂则进行大量的显性知识传授。结果发现。香港学生的词汇知识远远好于广州学生。他们认为，虽然两地教师都进行了显性知识教学，但香港课堂伴随性习得机会更多，学习者从中能够习得很多直接教学没有涉及的内容，从而证明了间接词汇教学的作用。因此，间接词汇教学的另一作用是提供给学习者有意义的材料，帮助他们从中伴随性地习得更多的隐性词汇知识，完善词汇心理表征。

最后，从心理语言学的角度看，Hulstijn（2001）指出，决定大脑新信息保持时间的是信息加工活动的质量和频率。直接词汇教学可以提供准确有效的信息，保证信息加工的质量；间接词汇教学则提供信息的复现和补充，提高信息加工的频率。二者互相补充、彼此支持、平等地作用于词汇习得过程。需要特别说明的是，直接词汇教学和间接词汇教学并不是非此即彼的，即使同一词汇知识也可能使用这两种教学手段。只是根据不同类型词汇知识的特点，分先后主次地应用这两种词汇教学方法。

6.1.3 不同词汇知识的教学策略

如前所述，本书所讨论的汉语词汇知识教学，主要由外显知识教学和内隐知识教学两大部分构成。从生造词心理表征的角度看，外显知识是词位层信息，是词的外观形式信息，包括词的书写、发音和词边界知识；内隐知识是词目层信息，是词的内在信息，包括构词法和语义信息。造词偏误心理机制研究表明，学习者在词汇加工时需要运用多种词汇知识，任何知识的缺失和不完善都会导致偏误的产生。这就要求我们进行综合词汇知识教学，并根据词汇知识的不同类型，应用不同的教学策略，帮助学习者建立完善的词汇知识表征。具体知识类型和相应的教学策略见表6-2。

表 6-2　不同词汇知识的教学策略（"››"表示先于重于）

词汇表征知识类别	表征知识内容		教学策略
外显知识 （词位信息层）	形式	书写	直接词汇教学 ›› 间接词汇教学
		发音	
	词边界		间接词汇教学 ›› 直接词汇教学
内隐知识 （词目信息层）	构词		间接词汇教学 ›› 直接词汇教学
	语义		直接词汇教学 ›› 间接词汇教学

第一，词汇外显知识中的形式内容应该进行直接词汇教学。新词的书写和发音特征是典型的显性词汇知识（explicit knowledge），很适合在教学中直接讲解练习。这一类知识首先通过有意识的学习获得知识，然后在练习和运用中逐渐实现转化，进入表征，成为表征内部的整合知识。直接教学能够帮助有效地建立知识表征，而间接教学则在知识的转化过程中起关键作用。因此，在直接教学之后还应该结合间接教学的方法，作为巩固和加强直接教学成果的必要补充。

第二，词边界知识是汉语词汇表征的特有部分，对于学习者的意义加工至关重要。从信息处理的角度看，如果一个汉语句子包括10个汉字，那么就有9个字边界，理论上可以产生512（2的9次方）个不同的词边界划分可能（高珊2006）。也就是说，词边界划分的不确定性随着句子长度的增加呈几何数增长，而通常情况下，正确的划分只有一种。这样看来，词边界划分似乎是一件很困难的事情。但是，许多实验证明，经过一段时间的学习，汉语学习者就能够较好地识别词，完成阅读任务（如Everson 1986，高珊 2004、2006）。我们的实验也表明：中级阶段学习者已经具备了一定的词边界意识（邢红兵 2003，徐晓羽 2004），能够在一定程度上识别整词与词素（见4.3节）。这说明，作为汉语文本的特点，词边界一开始就引起了学习者的注意，并在语言接触中产生了伴随性的词边界知识学习。由于词边界划分涉及的语言学知识较多，在学习者的语言经验不足的情况下，如果在初级阶段就进行词与词素边界知识的讲解，必然会增加学习者的负担和畏难情绪，反而干扰了正常的词汇习得。因此，在初、中级阶段，词边界知识应以间接教学为主。等学习者已有了充足的语言经验，再有针对性地进行直接教学，以促进词边界知识的进一步发展。

　　需要特别说明的是，间接词汇教学并不代表"无为"。尽管学习者能够自行培养起一定的词边界意识，但适当的教学干预能够促进这一过程。比如，研究证明，在汉字文本中加入词间空格，能够提高初级学习者（Chang 2001）和中级学习者的阅读能力（高珊 2006）。这说明，如果我们给初、中级学习者适当提供切分过的汉语文本材料，就能在一定程度上帮助他们培养汉语"词"这一概念。更重要的是，这种呈现方式本身就可以在视觉上"教"给学习者一定"潜在"的词边界划分知识。此外，目前的汉语教学多以拼音起步，拼音是分词连写的，从拼音到汉字，突然转换成无自然界界的文本，跨度较大，拼音语言学习者可能会很难适应。适当使用分词材料，既可以作为一种间接教学手段，也可以作为一种过渡策略，降低阅读难度。总之，词边界知识的间接教学是一个比较新的话题，我们在教学中这方面做得也很不足，还需要深入研究，进一步指导教学。

　　第三，与词边界知识类似，构词知识也应该以间接教学为主，直接教学为辅。邢红兵（2003）对学习者合成词的统计分析表明，学习者已经有了较强的构词意识，能够运用汉语语素和构词规则直接造词。研究证实，初级阶段的学习者语言经验少，词汇量有限，还没能形成汉语构词概念。随着习得水平的提高，中、高级阶段的学习者逐步具备了一定的构词意识，但是进入表征的构词规则并不完善，仍然会导致偏误的产生。这说明，首先，学习者通过语言材料的接触，能够"潜移默化"地习得一些构词规则。如果在学习初期给他们提供有针对性的材料，进行有计划的间接词汇教学，就可能改善这种伴随性习得的效率和进程。比如，汉语水平等级词汇中，偏正结构在数量上占有绝对优势，约为 43.42%（许敏 2003）。这说明学习者对各种词汇结构的接触量非常不平衡，容易造成心理表征中词汇结构知识发展不平衡，从而出现偏误。如定中结构的泛化（邢红兵 2003）。因此，这一阶段的词汇间接教学可以加强偏正结构以外的其他结构类型词汇的曝光率，以平衡不同结构类型的伴随性习得。比如，教师或教材编写者可以利用学习者已知的词素，在练习中补充联合、动宾、动补词表，在不增加学习负担的情况下，使学习者接触到更多其他结构类型的词汇。其次，伴随性习得虽然能够使学习者获得一定的构词意识，但是由于这种习得的不确定性和潜在性，心理表征中相应部分内容的发展往往很不完善，并出现僵化。因此，在学习者积累了一定的语言经验和词汇量以后，应该采取直接教学的形式对汉语构词知识进行归纳、介绍，比如使用"构词分析释义法"（高燕 2008），帮助学习者梳理已有的语言经验，促进构词意识的进一步发展。直接教学除了教师讲解规则以外，也包括以形式为中心的构词法练习。

第四，词汇语义教学是词汇教学的关键。目前，交际法教学和以意义为中心的教学理念非常流行，不少学者主张语义不应该"告诉"学习者，而应该由学习者自己"发现"，因此强调提供 L2 新词的上下文，鼓励学习者推知词汇的语义（如 Cho & Krashen 1994，Day et al. 1991，Watanabe 1997）。一些支持 FonFs 教学的学者（如 DeKeyser 1998）也认为词汇主要通过意义为中心的教学获得。然而，学习者推测的语义并不总是正确的，而且学习效率不高。研究发现，只有很少量的词汇能够以这种方式习得（如 Day et al. 1991，Horst et al. 1998，Hulstijn 1992，Waring 2003，Zahar et al. 2001，Swanborn & Gloper 2002，Pulido 2003，Vidal 2003）。因此，在课堂时间有限的情况下，仅仅依靠伴随性习得，无法满足 L2 交际对词汇知识的需求（Wesche & Paribakht 1999）。因此，我们主张语义教学应该首先以直接教学为主，通过翻译、释义、说明、图片、定义等方法把词汇语义直接传授给学习者，帮助他们快速有效地建立最初的形义联结。虽然这种教学方式因为被看作是"过时的"和"人为的"而饱受批评（Laufer 2006），但是教学实验表明，大多数单纯接受直接词汇教学的习得效果很好（Mondria & Wiersma 2004, Prince 1996, Qian 1996, Groot 2000, Horst et al. 2005）。Laufer（2006）实验比较了 FonF 与 FonFs 两种词汇教学效果，结果显示，教学后即时测试 FonFs 好于 FonF，而延时测试结果近似。这说明，以直接词汇教学为主的 FonFs 要好于以间接词汇教学的 FonF，最初建立形义联结以有意识的学习为佳（Schmitt 2008）。但是，记忆研究也显示，学习后马上就会发生遗忘，随着时间的推移，遗忘也减缓（Baddeley 1990, 转自 Schmitt 2008）。因此，一旦建立最初的形义联结，需要马上进行词汇的复现，巩固形义联结。因此，后续的有计划的间接教学也是十分必要的。

语义直接教学的方法包括 L1 翻译、释义、说明、图片、定义等。其中，使用 L1 翻译是最普遍的方法。关于语义教学中使用 L1 的问题，我们在下一节专门讨论。

6.2 汉语词汇心理表征发展过程研究对教学的启示

汉语词汇心理表征发展过程研究对汉语词汇教学的启示主要有三点：① L1 对译词的中介作用至关重要，因此我们需要考虑 L1 在教学中的作用。②词汇表征的发展是动态和阶段性的，因此词汇教学也具有发展性和动态变化的特征，应该根据不同阶段的词汇习得特点制订不同的教学原则，使用不同的教学手段。③词汇教学的长远目标是帮助学习者克服词汇发展僵化，建立完善的词汇心理表征。

6.2.1 词汇教学中 L1 的作用

L1 对 L2 词汇习得的许多方面都有很大影响（Swan 1997）。Hemchua 和 Schmitt（2006）分析泰国学习者 EFL 作文发现，近 1/4 偏误是由于 L1 影响产生的。某些搭配的偏误比例甚至超过 50%（Nesselhauf 2003）。从生造词心理表征的角度看，如前文所述，表征结构中语义部分是与 L1 表征相联结的，汉语词汇语义的获得必然会受到 L1 的影响。因此，在词汇教学中如何对待 L1，是我们需要考虑的问题。

目前，根据教学手段的不同，词汇的语义教学策略可以分为三类：语言间策略、语言内策略和超语言策略。语言间策略主要指通过 L1 翻译的方式帮助学习者理解 L2 新词的语义；语言内策略指教学中刻意回避 L1，用 L2 来解释 L2 词义，或者帮助学习者利用 L2 上下文发现新词的语义；超语言策略则侧重借助图片、实物或多媒体呈现的方式帮助学习者获得 L2 新词的语义。受到交际语言教学和可理解输入原则的影响，通过上下文进行语义建设的语言内策略被普遍接受（Jiang 2004），加之 L1 对 L2 词汇习得的诸多影响，回避 L1 似乎成了一种流行的做法。那么，词汇教学中是否真的应该避免使用 L1 呢？我们的答案是否定的。

第一，从上下文中猜测语义有一定的局限性（如 Huckin & Coady 1999, Hulstijn 1992, Schmitt 2008）。Laufer（2005a）指出：①如果学习者理解了文章或句子大意，通常不会注意单个词的具体意义；②从上下文中猜测词义常常并不可靠（Mondria & Wit-de Boer 1991）；③那些在上下文中很容易理解或猜测的词汇往往得不到足够的重视，不一定被大脑记忆。另外，如前文所述，使用 L2 的语言内策略建设语义习得效率不高，尤其在课堂时间有限的情况下，这一方法很难满足学习者 L2 的交际需求。

第二，使用 L1 介绍 L2 新词语义是比较简单高效的方法，能够帮助学习者快速掌握新词的核心意义。从学习者的角度看，L1 对译词使他们对新词的意义有了一定的把握，这种把握是加强形义联结，建立长时记忆的第一步（Jiang 2004）。"对于成人来说，有时候知道自己对一个词的理解是正确的非常重要。"（Grabe & Stoller 1997: 114, 转自 Jiang 2004）。很多 L2 学习者认为，不把接触到的材料翻译成母语，就不能"真正"理解它们的意义（Kern 1994）。语言内策略与语言间策略的比较研究证明，与使用 L2 上下文相比，使用 L1 对译词学到的新词比较容易记忆（Prince 1996）。与使用 L2 解释意义相比，L1 对译的方法也更加有效（Ramachandran & Rahim 2004, Laufer & Shmueli 1997）。此外，即使对有经验的学习者来说，使用超语言策略如图片教学的效果也不如使用 L2-L1 词对教学的效果（Lotto & de Groot 1998）。目前，L2 学习者普遍使用双语字典进行词汇学习，也是借助 L1 翻译有效习得词汇知识的有力证据（Liao 2006）。

第三，从心理语言学的角度看，成人学习者在学习 L2 时已经有了一套比较完善的语义系统，使用 L1 对译词能够帮助 L2 新词与这个语义系统挂钩（Fraser 1999, Jiang 2004），快速通达概念和意义。从另一角度看，学习者也必须通过已有语义系统去理解新 L2 词。无论通过图片、定义、上下文或者对译词，学习者都需要激活已有的意义和概念系统去理解新词，建立形义联结（Jiang 2004）。也就是说，习得的最初，L2 新词形式必须与已有的语义系统产生映射关系（Blum & Levenston 1978, N. Ellis 1997, Giacobbe 1992, Ringbom 1983, Singleton 1999）。由于成人 L1 系统中形式和语义表征之间的联结非常紧密，L2 新词加工时，无论在初级阶段还是较高级阶段，L1 对译词都会被激活（如 Hall 2002, Jiang 2002, Sunderman & Kroll 2006）。因此，不同的策略实际上导致同一结果：L2 新词与 L1 语义特征产生联结关系，L1 中介作用是不可避免的。我们的研究也证实了这种中介作用。

另外，如前所述，学习者的语言加工能力是有限的（Limited Processing Capacity）。如果把有限的注意力放在利用 L2 猜测意义上，就没有足够的精力来注意新词的形式和其他词汇知识，必然会影响词汇的习得（Van Patten 1990）。尤其在习得初期，直接使用 L1 帮助学习者获得语义信息，能够节省更多的认知力去关注形式（Barcroft 2002）。形义联结一旦建立起来，又可以促进其他词汇知识的发展（Bogaards 2001）。

综上所述，我们进行词汇教学时，刻意回避 L1 翻译并不符合实际。相反，L1 的中介作用对学习者 L2 新词的语义建设很有帮助。与其冒险误导学生，不如把这种语言间策略作为一种快捷有效的方法，帮助学习者建立最初的语义概念，以节省更多的时间和精力促进词汇知识的进一步发展。需要说明的是，虽然 L1 的中介作用对 L2 词语义的获得有很大帮助，但是也不能用这种语言间策略完全代替语言内策略和超语言策略。这三种语义策略应该综合使用，以达到最佳整体教学效果（Fraser 1999, Prince 1996）。另外，在不同的习得阶段，也应该侧重不同的教学策略。

6.2.2　词汇教学的阶段性

词汇表征发展过程研究显示，汉语词汇习得的发展大体上要经历四个阶段，从第一到第三阶段是发展进行阶段，是表征内容逐渐充实和完善的过程。第四阶段是完成阶段。由于词汇习得是一个动态发展的过程，词汇教学就不能一成不变，而应该根据不同词汇表征知识的发展阶段进行调整。在不同的习得阶段，使用不同的教学方法和策略。

初级阶段，由于学习者固有的认知能力限制，学习的中心任务是快速扩大词汇量，用于完成基本交际任务，因此学习者无法同时习得太多其他词汇知识。所以这一阶段的词汇形式和语义教学应该以直接教学为主，一方面进行词汇形式、发音的直接讲解和练习，另一方面利用 L1 进行最初的语义建设。建立最初的形义联结最快速高效的方法就是使用语言间策略，通过 L1 进行有意识的学习（Schmitt 2008）。与此相反，初级阶段的词边界知识和构词知识则应采取间接教学的方法，"有意识地"帮助学习者进行"无意识的"学习，在不分散学习者的注意力的情况下，帮助他们积累初步的汉语词边界知识和构词知识，为词汇表征的进一步发展打好基础。

中级阶段的主要任务是巩固和加强已有的词汇知识，并促进词汇知识的进一步发展。从生造词表征发展模式看，中级阶段是词汇知识发展的爆发期，语义信息的获得正在开拓新的渠道，逐渐建立汉语词与 L1 语义的直接联结。学习者已经具备了一定的词边界和构词知识，并且能够把已有的词汇知识运用到词汇的加工中。这一阶段的词汇教学应该以间接教学为主，巩固已经初步建立的形义联结和其他词汇知识。巩固的关键就是复现。研究表明，单纯无复现的词汇教学不仅效果差，而且在一定条件下还可能起反作用，干扰学习者对意义的理解（Chang & Read 2006）。不同的研究表明，一个新词需要复现 5—20 次才能被习得（Nation 2001），而大多数 L2 新词在自然交际条件下很难达到这一指标。另外，由于词汇知识的复杂性，直接教学无法面面俱到。到了中级阶段，利用上下文帮助学习者发展其他词汇知识就变得越来越重要（Schmitt 2008）。学习者需要大量的意义为核心的输入，伴随性地习得和巩固词汇知识。因此，这一阶段的词汇教学应该有计划有步骤地提供多种复现手段，配合适当的直接教学，促进词汇心理表征知识的发展。

随着学习者习得水平的进一步提高，词汇教学应该逐渐转向直接教学与间接教学并重的策略。首先，学习者已经有了更多的语言经验，具备了一定的词汇知识。但是，有的词汇知识（如词边界知识和构词知识）主要是伴随性习得的，知识缺乏系统性。在教学中适当地进行直接教学，可以帮助学习者梳理已有的语言信息，巩固词汇知识。其次，由于词汇知识的复杂性，学习者通过伴随性习得的词汇知识是有限的，结合学习者的语言经验进行有针对性的直接教学，可以深化学习者的词汇知识，进一步提高语言能力。比如，直接对比讲练汉语近义词、对译词相同的易混词汇，就能够在一定程度上促进学习者语义表征的进一步发展。最后，间接教学对于巩固和加强已有的词汇知识意义重大。指导学习者进行大量的语言接触和训练，可以促进词汇知识进一步整合进词汇表征，自动地作用于词汇加工。

总之，词汇学习是复杂和逐渐的积累过程，在不同的习得阶段，需要不同的教学方法予以辅助和引导。有意识学习与伴随性学习是互相补充的。直接教学和间接教学也是互相支持、共同作用于词汇习得的。有效的词汇教学要考虑到这些因素，有策略、有步骤地进行，分层次地长期规划（Schmitt 2008）。

6.2.3　克服词汇发展僵化

L2 词汇学习的终极目标是要建立起完善的词汇心理表征，并在语言交际中快速、准确、自动地运用表征知识完成词汇加工。然而，词汇表征发展过程研究显示，大部分的词汇发展会停滞在第三与第四阶段之间，产生僵化现象。因此，如何帮助学习者克服词汇发展僵化也是词汇教学需要探索的问题。

由于词汇表征发展的核心问题是形义联结发展（Jiang 2000），因此如何克服语义发展的僵化现象就是这一问题的关键。表征发展研究表明，到了第三阶段，也就是"L1 词目中介阶段"，L1 对译词语义信息直接进入汉语词表征，并占据了汉语词表征的语义部分，形成汉语词与 L1 对译词语义的直接联结。由于这种联结在运用中被不断强化，汉语词本身的语义信息就很难进入表征，因此出现了僵化现象。这样看来，如何帮助学习者克服 L1 中介的持续作用、开始 L2 词的语义重建，是实现第三阶段到第四阶段表征发展的关键。

语义重建的首要条件是学习者注意到 L2 词与其 L1 对译词或者两个对译词相同的 L2 词的语义间的差别（Jiang 2004）。但是，多数情况下，迁移过来的语义信息不会造成偏误或者交际失败，因此学习者不会注意到 L2 词实际语义与 L1 对译词语义之间的差别，就不会发生语义重建。另外，由于对译词之间或者对译词相同的 L2 词之间的语义差异往往非常细微，自然交际语境通常很难显示这些差别，作用也非常有限（Jiang 2004）。所以，有意识的教学介入是十分必要的。

教学的重点就在于运用教学技巧使学习者注意到 L2 词与其对译词以及对译词相同的两个 L2 词之间的语义差异。由于高级水平的学习者已经具备了相当的语言经验，教学中可以采取直接词汇教学的方式。比如，利用语义、词形的对比分析，进行显性知识的讲解，给出例句，并进行专项练习。对于容易出现混淆的问题词汇，如近义词，更应提供大量的例句或上下文语境，帮助学习发现语义间的差异。例句一方面可以作为输入，一方面也可以用作练习。当然，这些区别词汇的练习应当都是以意义为核心的（focus on meaning）（Jullian 2000）。

直接词汇教学不仅能帮助学习者理解目标词汇的语义，也能够使学习者认识到 L2 词与对译词之间存在语义差别、对译词并不意味着语义完全相等这一事实，有利于学习者自主地发掘语义差别，开始 L2 词汇的语义重建。一旦学习者意识到这些不同，不再从 L1 的角度去理解 L2 新词，而会把目标词汇作为 L2 语言系统中的新词对待，对 L2 新词会有新的认识，从而逐步建立起 L2 词独立的语义表征。通过 L1 建立的形义联结也会由 L2 新词的形义联结代替。

需要指出的是，尽管发现语义差异能够提高学习者的词汇能力，但这只是语义重建过程的第一步。从心理表征知识整合的过程看，从直接词汇教学中学习到的语义差别还只是显性知识，储存在词汇心理表征之外，尚不能自动作用于词汇加工（见5.4.2 节）。比如，学习者通过直接教学手段学习了"时间"和"时候"的区别，但是这些区别知识在没有整合进词汇表征之前，还可能在交际中被混用，出现"*在这么短的时候内，……"[1] 这样的偏误。因此，显性知识需要大量的以意义为中心的练习和交际训练才能逐渐转化为整合的表征知识（Jiang 2004）。所以教学应该是长期的有计划的，使学习者既能从直接教学中获得知识（R.Ellis 2002, Norris & Ortega 2000），也能在间接教学中实现知识的转化。

另外，以意义为中心的直接教学的时机非常重要。当学习者还不清楚词汇的核心意义时就让他们注意细微的语义差别，不仅不能帮助词汇的习得，反而会使他们产生混淆和畏难情绪，阻碍了表征知识的发展。因此，区分易混词汇语义的直接教学应当在词汇表征发展的第三阶段完成时开始。也就是说，当学习者一旦能够自如地使用 L2 词的核心意义时，我们就可以引导他们注意词义的差别，以促进语义表征的重构。

生造词心理表征发展模式显示，词边界知识和构词知识的发展也会在经历中级阶段的发展高峰后产生停滞现象。如前文 6.1.3 节所述，这两类词汇知识在初、中级阶段主要通过间接词汇教学无意识地习得，由于此类词汇知识的隐性特征，学习者能够从语言经验中获得的相关知识非常有限，因此在高级阶段也需要把直接语言知识和规则教学与间接词汇教学手段相结合，推动学习者心理表征知识继续深化和完善。

6.3　小　　结

本章讨论了造词偏误生成机制研究与汉语词汇表征发展过程研究对汉语词汇教学的启示。从生造词心理表征的角度，词汇知识分为外显知识（词位层）和内隐知识（词目层）两大部分。外显知识包括词的形式、发音和词边界信息；内隐知识包括语义

---

[1]　例句转引自周琳硕士论文《对外汉语教材同译词语及英语背景留学生使用偏误研究》，北京语言大学 2007 年。

和构词法。词汇教学的内容应该包括外显知识的教学与内隐知识的教学，这两部分内容同样重要。基于对现行教学理念的分析，我们提出了直接词汇教学与间接词汇教学的概念，并针对不同类型的表征知识，讨论运用不同的教学策略。从表征发展的角度看，尽管在 L2 词汇教学中使用 L1 不是一个时髦的做法（Schmitt 2008），但是由于 L1 在 L2 词汇表征发展中的作用非常显著，教学中应该合理地利用 L1，促进词汇的形义联结。由于 L2 词汇表征发展具有阶段性，词汇教学也应该根据不同的阶段进行调整，辩证使用直接教学和间接教学策略，是促进学习者词汇表征持续发展的关键。

这种词汇教学给教师提出了很高的要求：

第一，教师应该意识到，词汇习得是复杂和渐进的过程，有效的教学的确能够帮助 L2 词汇习得的发展（Jiang 2000）。研究表明，尽管所有的词汇知识都是同时接触的，但学习者对其中一些知识的掌握总要快一些（Schmitt 1998, Jiang 2007）。这也从一个方面说明，词汇习得具有一定的阶段性，不同习得阶段的词汇知识习得特点不同。教师应该针对不同习得阶段，使用相应的教学手段，促进习得的发展。比如，初级阶段，利用 L1 进行直接词汇教学，快速有效地建立形义联结最奏效。随着习得水平的提高，利用间接词汇教学手段、增大语言接触量对提高词汇的边界知识和构词法知识更有帮助。总之，不同的词汇发展阶段需要不同的教学方法。因此，教师应该了解学习者词汇习得的阶段性特点，提供有效的教学干预。

第二，教师也应该意识到，词汇习得是多层面的，不同类型的词汇知识需要有侧重地进行直接教学和间接教学。目前，大多数词汇教学都集中在介绍新词的意义上（Schmitt 2008）。这种教学不但没有将词汇知识的发展性考虑进去，也忽略了词汇习得的多面性。由于不同词汇知识的不同特性，有些需要直接进行解释和练习，有些则需要利用上下文由学习者自己领悟和积累。另外，单纯的显性知识的教学不可能面面俱到，而且复现量也不够，还需要大量的以意义为核心的输入来巩固习得成果、产生新的伴随性习得。因此，教师应该注意，直接教学与间接教学相辅相成、地位平等。

第三，把伴随性词汇习得纳入教学体系，有计划地组织间接词汇教学。间接词汇教学是教学中的难点，但是对促进学习者词汇表征的发展意义重大。通过教师提供的有效的可理解输入，学习者一方面能够巩固已学的词汇知识，另一方面可以习得更多新的词汇知识。对于初、中级阶段的词边界知识和构词知识来说，间接词汇教学尤为重要。比如，教师可以有组织地引导学习者进行泛读（Day & Bamford 1998）。研究发现，阅读中的词汇教学是很有效的（Walters 2004）。由于学习者需要认识98%—99%的词才能理解阅读材料（Schmitt 2008），对于较高级的学习者来说，即使是普通的阅读材料也可能需要教师解释个别难词。对于没有达到一定水平的学习者来说，由于普通阅读材料生词太多，最好使用分级阅读材料。分级阅读材料分习得等级设计词汇量和阅读量，并且有系统地重现新词（Nation & Wang 1999, Al-Homoud 2007）。研究发现，如果能在这种以意义为核心的阅读材料中提供足够的词汇复现量，就会对学习者的词汇习得有很大帮助（如 Horst 2005）。另外，教师在泛读之后也可以利用有意识的学习任务来巩固泛读中的伴随性学习成果，两种教学互补，以达到最佳效果（Hill & Laufer 2003, Mondria 2003, Atay & Kurt 2006）。当然，组织间接词汇教学不是一件容易的事情，需要教师和教材编写人员的共同参与和长期努力。

总之，词汇教学是语言教学的重要组成部分，由于涉及的因素较多（如 de Groot 2006），目前还没有一个公认的最佳模式（Schmitt 2008）。本章仅仅从词汇心理表征的角度，对所涉及的词汇教学问题做了理论上的探讨。在教学中如何有效地帮助学习者发展词汇心理表征、完善词汇习得过程，还需要我们做更多细致深入的工作。

第七章 余 论

7.1 本研究存在的问题

本研究还存在许多不足之处。第一，生造词偏误数据量较小。我们的偏误数据均来自留学生中介语数据库，但是数据库中符合研究要求的母语为英语的汉语学习者的造词偏误数据量非常有限，因此我们用于分类的偏误例较少。如果能更大范围地收集偏误材料，偏误的分类就会更准确、更具代表性。此外，如果能把一定数量的偏误数据按照习得水平等级划分，用不同水平等级的偏误现象反过来验证表征的发展，就能够对表征的发展做出更准确的描述。

第二，由于研究实验条件限制较多，我们在选择实验用词时，既要考虑实验设计条件要求，又要顾及学习者的习得水平，因此能够选用的实验材料非常有限。

第三，本研究的结果虽然是以初、中、高三个水平的学习者为被试得到的，但是由于现实条件限制，研究中定义的高级水平学习者学习时长为21个月，严格地说，只能算作准高级水平。如果能继续考察更高水平的学习者，就能够更加完整地描述词汇表征的发展状况。

第四，本研究的实验被试均为母语环境中的汉语L2学习者，由于语言接触量、课程设置、授课方式等因素的不同，实验结果不一定能够准确反映在目的语环境中汉语学习者的习得状况。

第五，我们的研究仅考察了母语为英语的汉语学习者，是否可以将结论推至其他母语背景的汉语学习者，还有待进一步研究。

7.2　需要进一步研究的问题

汉语词汇心理表征的相关研究是一个比较新的研究领域，本书做了初步的尝试，还有很多问题尚待解决。第一，本研究仅从知识表征的角度对学习者的造词偏误的深层心理机制做出了解释。偏误的出现还涉及偏误词的表层生成机制。深层机制与表层机制相结合，才能对学习者生造词的产生做出比较完整的解释。如何寻求新的理论支持，对造词偏误的生成机制进行解释，是我们下一步要思考和研究的问题。

第二，本研究讨论的生造词心理表征是一种特殊类别的汉语词汇表征，反映了母语为英语的汉语学习者在造词过程中涉及的主要词汇知识类别。我们认为，由于不同类别的词汇涉及的词汇知识和心理机制不同，词汇表征也各有所异。汉语L2词汇还有哪些类型的心理表征？这些表征的内部结构与生造词表征有何异同？我们是否可以建立汉语词汇的通用心理表征模型？这些问题都是值得我们进一步探索的。

第三，我们的表征主要用来解释最初通过L1翻译习得的汉语词的识别和加工。那些在L1中没有对译词或对应概念的L2词，在习得中可能涉及完全不同的心理过程，还有待另文研究。

第四，在讨论表征发展过程时，我们没有区分词汇的理解和产出水平。相比而言，产出性词汇对词汇知识的整合度要求更高，因此词汇加工的自动化程度也较高。如果在生造词表征模型的框架下进一步考察理解性词汇和产出性词汇的发展差异，无疑将拓展词汇表征研究的宽度，帮助我们更深入地了解学习者的词汇习得特点。

第五，如何进一步开发新型有效的研究方法，设计出适合汉语词汇特点的测量手段，也是亟待思考和解决的问题。

综上所述，虽然我们考察了汉语词汇表征的发展过程，从词汇表征的角度对学习者造词偏误的心理机制做出了解释，但是，与汉语词汇心理表征相关的研究才刚刚起步，还有很多没有解决的问题，这需要我们不懈地努力和钻研，最终为汉语学习者的词汇习得提供有益的帮助。

参考资料

常敬宇 1994 结合语境进行词汇教学和阅读教学，《语文建设》，第 7 期。

陈晓宁 2005 汉语初级听力教学中词汇的复习与巩固，《语言文字应用》，第 1 期。

崔永华 1997 《词汇文字研究与对外汉语教学》，北京语言文化大学出版社。

邓天中 2005 从新词对比中看汉英文化异同，《云南师范大学学报（对外汉语教学与研究版）》，第 6 期。

戴国华 2000 日本留学生汉语动词常见偏误分析，《汉语学习》，第 6 期。

戴曼纯 2000 论第二语言词汇习得研究，《外语教学与研究》，第 2 期。

董明 吕崤辉 2002 两种信号系统学说与对外汉语教学，《北京师范大学学报（人文社会科学版）》，第 6 期。

董燕萍 桂诗春 2002 关于双语词库的表征结构，《外国语》，第 4 期。

方艳 2005 留学生利用词汇语境学习策略之探析，《云南师范大学学报》，第 2 期。

冯丽萍 2002 词汇结构在中外汉语学习者合成词加工中的作用，北京师范大学博士学位论文。

冯丽萍 2003a 中级汉语水平留学生的词汇结构意识与阅读能力的培养，《世界汉语教学》，第 2 期。

冯丽萍 2003b 中级汉语水平外国学生的中文词汇识别规律分析，《暨南大学华文学院学报》，第 3 期。

冯丽萍 2004 外国学生中文三价动词的习得规律研究，《云南师范大学学报（对外汉语教学与研究版）》，第 3 期。

冯丽萍 宋志明 2004 词素性质与构词能力对留学生中文词素识别的影响，《云南师范大学学报》，第 6 期。

高立群 黎静 2005 日本留学生汉日同形词词汇通达的实验研究，《世界汉语教学》，第 3 期。

高立群 孟凌 刘兆静 2003 日本留学生心理词典表征结构的实验研究，《当代语言学》，第 2 期。

高箬远 2004 日本学生习得中的汉字词偏误分析，《云南师范大学学报（对外汉语教学与研究版）》，第 2 期。

高珊 2004 不同视觉条件下的汉语阅读，中山大学国际汉语教学与习得学术研讨会会议论文。

高珊 2006 词边界信息对留学生汉语阅读的影响，北京语言大学硕士论文。

高燕 2008 《对外汉语词汇教学》，华东师范大学出版社。

桂诗春 2002 《新编心理语言学》，上海外语教育出版社。

郭胜春 2003 汉语语素义在留学生词义获得中作用的实验研究，北京语言大学硕士论文。

郭志良 1988 对外汉语教学中词义辨析的几个问题，《世界汉语教学》，第 1 期。

韩越 1999 论日本学生的母语负迁移及其对策，《湖南大学学报（社会科学版）》，第 4 期。

何干俊 2002 对英语国家留学生汉语教学中的词汇问题的探讨，《江西师范大学学报》，第 3 期。

姜孟 王德春 2006 外语思维再思考 —— 论外语思维的"概念化模式"内涵，《外语研究》，第 4 期。

江新 1998 词汇习得研究及其在教学上的意义，《语言教学与研究》，第 3 期。

江新 2005 词的复现率和字的复现率对非汉字圈学生双字词学习的影响，《世界汉语教学》，第 4 期。

江新 赵果 黄慧英 柳燕梅 王又民 2006 外国学生汉语字词学习的影响因素 —— 兼论《汉语水平大纲》字词的选择与分级，《语言教学与研究》，第 2 期。

江新 朱昱 2005 词语出现频次和边注形式对韩国学习者汉语伴随性词汇学习的影响，第十届全国心理学学术会议论文。

姜自霞 2005 留学生使用"女人"的偏误倾向及原因分析,《云南师范大学学报(对外汉语教学与研究版)》，第 4 期。

金立鑫主编 2005《对外汉语教学虚词辨析》，北京大学出版社。

居红 1992 汉语趋向动词及动趋短语的语义和语法特点,《世界汉语教学》,第 4 期。

李冰 2011 词形影响日本学生汉语词汇习得的实证研究，《语言教学与研究》，第 5 期。

黎静 高立群 2006 日本留学生心里词典的词汇通达，周小兵、朱其智主编,《对外汉语教学习得研究》，北京大学出版社。

李荣宝 彭聃龄 1999 双语者的语义表征,《现代外语》，第 3 期。

李荣宝 彭聃龄等 2000 双语者第二语言表征的形成与发展,《外国语》，第 4 期。

李华 2005 对汉语中介语表人名词"～人"的偏误分析,《云南师范大学学报》，第 3 期。

李清华 1980 外国留学生在方位词使用上的几个问题,《语言教学与研究》,第 1 期。

李晓琪 1995 中介语与汉语虚词教学，《世界汉语教学》，第 4 期。

李晓琪 2002 母语为英语者习得"再"、"又"的考察,《世界汉语教学》,第 6 期。

刘叔新 2006 《词汇研究》，外语教学与研究出版社。

刘颂浩 2001 关于在语境中猜测词义的调查，《汉语学习》，第 1 期。

刘元满 1999 汉日叹词比较及其在对外汉语教学中的应用，张起旺、王顺洪主编,《汉外语言对比与偏误分析论文集》，北京大学出版社。

吕兆格 2005 方位词"里""外"的语义认知基础与对外汉语教学,《云南师范大学学报（对外汉语教学与研究版）》，第 5 期。

鲁健骥 1987 外国人学习汉语的词汇偏误分析，《语言教学与研究》，第 4 期。

鹿士义 2001 词汇习得与第二语言能力研究，《世界汉语教学》，第 3 期。

吕滇雯 2000 日本留学生汉语偏误分析之（一）：动词重叠,《汉语学习》,第 5 期。

孟祥英 1997 谈对外汉语教学中的近义词辨析，《天津师范大学学报》，第 3 期。

朴京淑 2006 《汉语水平词汇等级大纲》甲乙级复合式动词词义与语素关系类型考察，北京语言大学硕士论文。

钱旭菁 1999 汉英量词对比，张起旺、王顺洪主编,《汉外语言对比与偏误分析论文集》，北京大学出版社。

钱旭菁 2003 汉语阅读中的伴随性词汇学习研究，《北京大学学报（哲学社会科学版）》，第 4 期。

全香兰 2003 汉韩同形词偏误分析，《汉语学习》，第 3 期。

全香兰 2006 谈韩语汉字词对学生习得汉语词语的影响，《世界汉语教学》，第 1 期。

沈履伟 2002 高级阶段汉语词义教学的几个问题，《天津外国语学院学报》，第 2 期。

沈禾玲 2015 第一语言语义迁移与汉语二语高级学习者词汇习得（英文），《世界汉语教学》，第 2 期。

施家炜 2006 国内汉语第二语言习得研究二十年，《语言教学与研究》，第 1 期。

施文志 2003 日韩留学生汉语词语偏误浅析，《云南师范大学学报（对外汉语教学与研究版）》，第 5 期。

舒华 柏晓利 韩在柱 毕彦超 2003 词汇表征和加工理论及其认知神经心理学证据，《应用心理学》，第 2 期。

舒雅丽 许嘉璐 2004 初级汉语教材中的词汇处理研究，《语言文字应用》，第 3 期。

宋尚美 2001 汉韩同义词对比研究 —— 以名词为例，《汉语学习》，第 4 期。

苏英霞 2000 同译词辨析的几种方法，《汉语学习》，第 2 期。

孙兵 刘鸣 2003 双语词汇表征模型研究进展，《西南师范大学学报（社会科学版）》，第 2 期。

孙德坤 1993 外国学生现代汉语"了"的习得过程初步分析，《语言教学与研究》，第 2 期。

孙晓明 2005 投入因素对欧美学生汉语词汇习得的影响，《语言教学与研究》，第 3 期。

孙晓明 2008 第二语言学习者跨越产出性词汇门槛的机制研究，北京语言大学博士论文。

陶文好 2000 认知语法中两个理论假设对第二语言习得的启示，《宁波大学学报》，第 3 期。

田卫平 1997 对外汉语词汇教学的多维性，《世界汉语教学》，第 4 期。

王还主编 1993 《汉英对比论文集》，北京语言学院出版社。

王建勤主编 1997 《汉语作为第二语言的习得研究》，北京语言文化大学出版社。

王建勤 2006 汉语作为第二语言学习者习得过程研究评述，《北京师范大学学报

（社会科学版）》，第 3 期。

王军 2003 汉语词汇的动态发展变化探析，葛本仪主编，《汉语词汇学》，山东大学出版社，8 月第 2 版。

王力 1985 在第一届国际汉语教学讨论会全体会上的讲话，《语言教学与研究》，第 4 期。

王若江 2001 留学生成语偏误诱因分析（词典篇），《暨南大学华文学院学报》，第 2 期。

王茂春 彭聃龄 1999 合成词加工中的词频、词素频率及语义透明度，《心理学报》，31（3）。

王素云 1999 对外汉语教材生词表编译中的几个问题，《汉语学习》，第 6 期。

王振来 2005 韩国留学生学习关联词语偏误分析，《云南师范大学学报（对外汉语教学与研究版）》，第 3 期。

王志军 1997 试论汉英时间词之差异及相关的交际文化因素，北京语言文化大学汉语学院编，《语言文化教学研究集刊（第一辑）》，华语教学出版社。

温云水 1997 对外汉语教学中的时间词问题，《天津外国语学院学报》，第 3 期。

肖贤彬 2002 对外汉语词汇教学中"语素法"的几个问题，《汉语学习》，第 6 期。

邢红兵 2003 留学生偏误合成词的统计分析，《世界汉语教学》，第 4 期。

邢红兵 2009 基于联结注意理论的第二语言词汇习得研究框架，《语言教学与研究》，创刊 30 周建庆典会议论文。

邢红兵 2012 第二语言词汇习得的语料库研究方法，《汉语学习》，第 2 期。

邢红兵 2016 《汉语作为第二语言的词汇习得研究》，北京大学出版社。

徐建宏 1999 汉语词汇和韩国语汉字词的对比研究，《辽宁大学学报》，第 4 期。

徐丽华 2001 外国学生连词使用偏误分析，《浙江师范大学学报（社会科学版）》，第 3 期。

徐丽华 2002 外国学生语气词使用偏误分析，《浙江师范大学学报（社会科学版）》，第 5 期。

徐敏 2003 《汉语水平词汇等级大纲》双音节结构中语素组合方式、构词能力统计研究，北京语言大学硕士论文。

徐晓羽 2004 留学生复合词认知中的语素意识，北京语言大学硕士论文。

徐子亮 1998 对外汉语教学理论研究的新思路 —— 对外汉语教学认知规律的探索，《世界汉语教学》，第 2 期。

焉德才 2006 论对外汉语词汇教学过程中的"有度放射"策略，《语言文字应用》，第 2 期。

阎德早 1987 同"译"词教学初探，《汉语学习》，第 2 期。

杨惠元 2003 强化词语 教学淡化句法教学——也谈对外汉语教学中的语法教学，《语言教学与研究》，第 1 期。

杨治良 2002 《记忆心理学》，华东师范大学出版社。

袁博平 1995 第二语言习得研究的回顾与展望，《世界汉语教学》，第 4 期。

袁毓林 2005 试析中介语中跟"没有"相关的偏误，《世界汉语教学》，第 2 期。

苑锡群 1990 汉英代词比较，《第三届国际汉语教学讨论会论文选》，北京语言学院出版社。

张博 2007a 同义词、近义词、易混淆词：从汉语到中介语的视角转移，《世界汉语教学》，第 3 期。

张博 2007b 第二语言学习者汉语中介语易混淆词及其研究方法，第四届对外汉语国际学术研讨会暨《世界汉语教学》创刊 20 周年笔谈会论文。

张博 2011 二语学习中母语词义误推的类型与特点，《语言教学与研究》，第 1 期。

张和生 2005 对外汉语词汇教学研究评述，《语言文字应用》，第 1 期。

张和生 2006 外国学生汉语词汇学习状况计量研究，《世界汉语教学》，第 1 期。

张金桥 吴晓明 2005，词形、词义因素在留学生汉语词汇选择判断中的作用，《世界汉语教学》，第 2 期。

张金桥 2008 汉语词汇直接学习与间接学习效果比较 —— 以词表背诵法和文本阅读法为例，《汉语学习》，第 3 期。

张凯 1997 汉语构词基本字的统计分析，《语言教学与研究》，第 1 期。

张若莹 2000 从中高级阶段学生词汇习得的偏误看中高级阶段词汇教学的基本问题，《首都师范大学学报》（增刊）。

张世涛 2006 "字本位"和"词本位"以外的思考 —— 汉字与词语关系及词汇教学顺序的考察，周小兵、朱其智主编，《对外汉语教学习得研究》，北京大学出版社。

张妍 2006 欧美学生汉语中介语易混行为动词和心理动词考察，北京语言大学硕士论文。

张永芳 1999 外国留学生使用汉语成语的偏误分析，《语言文字应用》，第 3 期。

赵金铭 张博 程娟 2003 关于修订（汉语水平）词汇等级大纲的若干意见，《世界汉语教学》，第 3 期。

赵永新 1994 汉外对比研究与对外汉语教学 —— 兼平汉外对比的若干论著，《语言文字应用》，第 2 期。

郑亨奎 2001 试论母语干扰对汉语学习的影响，《浙江树人大学学报》，第 4 期。

郑珂 马青田 2002 英汉动物词汇文化内涵意义的对比分析，《四川师范学院学报（哲社版）》，第 3 期。

周琳 2007 对外汉语教材同译词语及英语背景留学生使用偏误研究，北京语言大学硕士论文。

朱勇 崔华山 2005 汉语阅读中的伴随性词汇学习再探，《暨南大学华文学院学报》，第 2 期。

Aitchison, J. 2003. *Words in the Mind: An introduction to the Mental Lexicon* (3rd ed.) Oxford: Blackwell.

Al-Homoud, F. 2007. *Vocabulary acquisition via extensive input*. Doctoral dissertation, University of Nottingham.

Al-Mansoor, M. 2004. *Semantic mapping of the bilingual lexicon*: *Form-to-meaning mapping through computerized testing*. Doctoral dissertation of Ball State University.

Altman, R. 1997. Oral production of vocabulary: a case study. In Coady, J. & Huckin, T. (eds.) *Second Language Vocabulary Acquisition*: *a rational for pedagogy*. New York: Cambridge University Press.

Arabski, J. (ed.) 2002. *Time for Words*: *Studies in Foreign Language Vocabulary Acquisition*. Frankfurt: Peter lang GmbH.

Arnaud, P. & Bejoint, H. (eds.) 1992. *Vocabulary and Applied Linguistics*. London: Longman.

Atay, D. & Kurt, G. 2006. Elementary school EFL learners' vocabulary learning: The effects of post-reading activities. *Canadian Modern Language Review*, 63(2): 255-273.

Ausubel, D. P. 1964. Adults versus children in second-language learning: Psychological considerations. *Modern Language Journal*, 48: 420-424.

Bachman, L. F. 1990. *Fundamental Considerations in Language Testing*. Oxford University Press.

Barcroft, J. 2002. Semantic and structural elaboration in L2 lexical acquisition. *Language Learning*, 52(2): 323-363.

Barcroft, J. 2007. Effects of opportunities for word retrieval during second language vocabulary learning. *Language Learning*, 57(1): 35-56.

Bensoussan, M. & Laufer, B. 1984. Lexical guessing in context in EFL reading comprehension. *Journal of Research in Reading*, 7(1): 15-32.

Bernhardt, E. B. 1991 *Reading Development in a Second Language*: *Theoretical Empirical, and Classroom Perspectives*. Norwood, NJ: Ablex.

Bialystok, E. 1978. A theoretical modal of second language learning. *Language Learning*, 28: 69-83.

Bialystok, E. 1979. Explicit and implicit judgements of L2 grammaticality. *Language Learning*, 29: 81-103.

Bialystok, E. 1994. Analysis and contral in the development of second language proficiency. *Studies in Second Language Acquisition*, 16:157-168.

Blekher, M. 2000. *Word-type Effects in the Lexical Processing of Russian-English and French- English Bilinguals*. Doctoral dissertation, the University of Alberta.

Bloom, P. 2000. *How children learn the meaning of words*. Cambridge, MA: MIT Press.

Blum, S. & Levenston, E.A. 1978. Universals of lexical simplification. *Language Learning,* 28: 399-415.

Bogaards, P. 2000. Testing L2 vocabulary at a high level: The case of the Euralex French tests. *Applied Linguistics*, 21: 490-516.

Bogaards, P. 2001. Lexical units and the learning of foreign language vocabulary. *Studies in Second Language Acquistion*, 23: 321-343.

Bogaards, P. & Laufer, B. (eds.) 2004. *Vocabulary in a Second Language*. Amsterdam/

Philadelphia: John Benjamins B.V.

Booij, G. 2005. *The Grammar of Words*. Oxford: Oxford University Press.

Bonk, W. J. 2000. Second language lexical knowledge and listening comprehension. *International Journal of Listening*, 14: 14-31.

Broselow, E. 1984. An investigation of transfer in second language phonology. *IRAL*, 22: 253-269.

Broselow, E., Chen, Su-I & Wang, C. 1998. The emergence of the unmarked in second language phonology. *Studies in Second Language Acquisition*, 20: 261-280.

Broselow, E. & Zheng, X. 2004. Differential Difficulty in the Acquisition of Second Language Phonology. *International Journal of English Studies*, 4(2): 135-163.

Brown, T. S. & Perry, F. L. 1991. A comparison of three learning strategies for ESL, vocabulary acquisition. *TESOL Quaterly*, 25: 655-670.

Cameron, L. 2002. Measuring vocabulary size in English as an additional language. *Language Teaching Research*. 6: 145-173.

Canalale, M. & Swain, M. 1980. Theoretical bases of communicative approaches to second language teaching and testing. *Applied Linguistics*, 1: 1-47.

Chang, C. P. 2002. *Marking text boundaries and learning the Chinese language*, Doctoral dissertation, University of Southern California.

Chang, A. C-S. & Read, J. 2006. The effects of listening support on the listening performance of EFL learners. *TESOL Quarterly*, 40(2): 375-397.

Channell, J. 1990. Vocabulary acquisition and the mental lexicon. In Tomasczyk, J. & Lewandowska, B. (eds.) *Meaning and lexicography*, Amsterdam: Benjamins, 21-31.

Chen, H. C. & Leung, Y. S. 1989. Patterns of lexical processing in a non-native language. *Journal of Experimental Psychology*: *Learning, Memory, and Cognition*, 15: 316-325.

Chen, H. C.& Ng, M. L. 1989. Semantic facilitation and translation priming effects in Chinese-English bilinguals. *Memory and Cognition*, 17: 454-462.

Cho, K. S. & Krashen, S. 1994. Acquisition of vocabulary from Sweet Valley Kids Series: Adult ESL acquisition. *Journal of Reading*, 37: 662-667.

Clark, E. V. 1993. *The lexicon in acquisition*. Cambridge: Cambridge University Press.

Coady, J. & Huckin, T. (eds.) 1997. *Second Language Vocabulary Acquisition*: *a Rationale for Pedagogy*. Cambridge: Cambridge University.

Cooper, R. L., Olshtain, E., Tucker, G. R., & Waterbury, M. 1979. The acquisition of complex English structures by adult native speakers of Arabic and Hebrew. *Language Learning*, 29: 255-275.

Crystal, D. 2000. On competence and performance and related notions. In Brown, F., Malmkjaer, K. & Williams, J. (eds.) *Performance and competence in second language acquisition*, Cambridge: Cambridge University Press, 11-34.

Cutler, A., Mehler, J., Norris, D. & Segui, J. 1986. Limits on bilingualism. *Nature*, 340: 229-230.

Cutler, A. & Norris, D. 1988. The role of strong syllables in segmentation for lexical access. *Journal of Experimental Psychology*: *Human Perception and Performance*, 14: 113-121.

Dalgish, G. M. 1991. Computer-assisted error analysis and courseware design: applications for ESL in the Swedish context. *CALICO Journal*, 9(2): 39-56.

Day, R. & Bamford, J. 1998. *Extensive reading in the second language classroom*. Cambridge: Cambridge University Press.

Day, R., Omura, C. & Hiramatsu, M. 1991. Incidental EFL vocabulary learning and reading. *Reading in a Foreign Language*, 8: 689-696.

De Bot, K., Paribakht, T. S. & Wesche, M.B. 1997. Toward a lexical processing model for the study of second language vocabulary acquisition. *Study of Second Language Acquisition*, 19: 309-329.

De Graaf, R. 1997. The experanto experiment: Effects of explicit instruction on second language acquisition. *Studies in Second Language Acquisition*, 19: 249-276.

De Groot, A. 2006. Effects of stimulus characteristics and background music on foreign language vocabulary learning and forgetting. *Language Learning*, 56(3): 463-506.

De Groot, A. & Annette, M. B. 1992. Determinants of word translation. *Journal of Experimental Psychology*: *Learning, Memory, and Cognition*, 18(5): 1001-1018.

De Groot, A. & Nas, G. 1991. Lexical representation of cognates and noncognates in compound bilinguals. *Journal of Memory and Language*, 30: 90-123.

De Groot, A., Annette, M. B. & Hoeks, C. J. 1995. The development of bilingual memory: Evidence from word translation by trilinguals. *Language Learning*, 45: 683-724.

De Groot, A. & Poot, R. 1997. Word translation at three levels of proficiency in a second language: the ubiquitous involvement of conceptual memory. *Language learning*, 47(2): 215-264.

De la Fuente, M. J. 2002. Negotiation and oral acquisition of L2 vocabulary. The role of input and output in the receptive and productive acquisition of words. *Studies in Second Language Acquisition*, 24: 81-112.

Dufour, R. & Kroll, J. 1995. Matching words to the concepts in two languages: A test of the conceptual mediation model of bilingual representation. *Memory and Cognition*, 23: 166-180.

DeKeyser, D. 2003. Implicit and explicit learning. In Doughty, C. & Long, M. H. (eds.) *The Handbook of Second Language Acquisition*, Malden, MA: Blackwell Pub, 313-348.

DeKeyser, R. M. 1995. Learning second language grammar rules: An experiment with a miniature linguistic system. *Studies in Second Language Acquisition*, 17: 379-401.

DeKeyser, R. M. 1997. Beyond explicit rule learning: Automatizing second language morphosyntax. *Studies in Second Language Acquisition*, 19: 195-221.

DeKeyser, R. M. 1998. Beyond focus on form: Cognitive perspective on learning and practical second language grammar. In Doughty, C. & Williams, J. (eds.) *Focus on Form in Classroom Second Language Acquisition*. Cambridge: Cambridge University Press, 42-63.

DeKeyser, R. M. 2000. The robustness of critical period effects in second language acquisition. *Studies in Second Language Acquisition*, 22: 499-533.

Doughty, C. J. 2003. Instructed SLA: Constraints, compensation, and enhancement. In Doughty, C. J. & Long, M. H. (eds.) *The Handbook of Second Language Acquisition*. Malden, MA: Blackwell.

Dulay, H. & Burt, M. 1973. Should we teach children syntax? *Language Learning*, 23: 245-258.

Dulay, H. & Burt, M. 1974. Errors and strategies in child second language acquisition. *TESOL Quarterly*, 8: 129-136.

Elgort, I. 2011. Deliberate learning and vocabulary acquisition in a second language. *Language Learning*, 61: 2, 367-413.

Ellis, N. 1993. Rules and instances in foreign language learning: Interactions of explicit and implicit knowledge. *European Journal of Cognitive Psychology*, 5: 289-318.

Ellis, N. 1994. Implicit and explicit language learning: An overview. In Ellis, N. (ed.) *Implicit and explicit learning of languages*, New York: Academic Press, 1-31.

Ellis, N. 1997. Vocabulary acquisition: Word structure, collocation, word-class, and meaning. In Schmitt, N. & McCarthy, M. (eds.) *Vocabulary: Description, acquisition and pedagogy*, Cambridge: Cambridge University Press, 122-139.

Ellis, N. 2002. Frequency effects in language processing: A review with implications for theories of implicit and explicit language acquisition. *Studies in Second Language Acquisition*, 24:143-188.

Ellis, N. 2006. Selective attention and transfer phenomena in L2 acquisition: Contingency, cue competition, salience, interference, overshadowing, blacking, and perceptual learning. *Applied Linguistics*, 27(2): 164-194.

Ellis, N. & Beaton, A. 1993. Psycholinguistic determinants of foreign language vocabulary learning. *Language Learning*, 43: 559-617.

Ellis, N. & Larsen-Freeman, D. 2006. Language emergence: Implications for applied linguistics. *Applied Linguistics*, 27(4): 558-589.

Ellis, R. 1984. *Classroom Second Language Development*. Oxford: Pergamon Press.

Ellis, R. 1994. *The Study of Second Language Acquisition*. Oxford: Oxford University Press.

Ellis, R. 1995. Modified oral input and the acquisition of word meanings. *Applied Linguistics*, 16: 409-441.

Ellis, R. 1997. *SLA Research and Language Teaching*. Oxford: Oxford University Press.

Ellis, R. (ed.) 2001. *Form-Focused Instruction and Second Language Learning*.

Malden, MA: published at the University of Michigan by Blackwell Publishers, 391.

Ellis, R. 2002. Does form-focused instruction affect the acquisition of implicit knowledge? *Studies in Second Language Acquisition*, 24: 223-236.

Ellis, R., Basturkmen, H. & Loewen, S. 2002. Doing focus-on-form. *System*, 30: 419-432.

Ellis, R.,& He, X. 1999. The role of modified input and output in the incidental acquisition of word meanings. *Studies in Second Language Acquisition*, 21: 285-301.

Ellis, R., Heimbach, R., Tanaka, Y., & Yamazaki, A. 1999. Modified input and the acquisition of word meanings by children and adults. In Ellis, R. (ed.) *Learning a second language through interaction*, Amsterdam: John Benjamins, 63-114.

Ellis, R., Tanaka, Y., & Yamazaki, A. 1994. Classroom interaction, comprehension and the acquisition of L2 word meanings. *Language Learning*, 44: 449-491.

Erlam, R. 2003. Evaluating the relative effectiveness of structured-input and output based instruction in foreign language learning: Results from an experimental study. *Studies in Second Language Acquisition*, 25: 559-582.

Everson, M. E. 1986. *The effect of word-unit spacing upon the reading strategies of native and non-native readers of Chinese*. Doctoral dissertation, Cornell University.

Everson, M. E. 1998. Word recognition among learners of Chinese as a foreign language: investigating the relationship between naming and knowing. *Modern Language Journal*. 82:194-204.

Faerch, C., Haastrup, K.,& Phillipson, R. 1984. *Learner Language and Language Learning*. Clevedon: Multilingual Maters.

Farkas, I. & Li, P. 2002. A self-organizing connectionist model of bilingual processing. In Heredia, R. & Altarriba, J. (eds.) *Bilingual sentence processing*. North-Holland: Elsevier Science Publisher.

Favreau, M. & Segalowitz, N. S. 1983. Automatic and controlled processes in the first- and second- language reading of fluent bilinguals. *Memory & Cognition*, 11: 565-574.

Fedorikhina, T. 2001. *The acquisition of control and object clauses by child ESL/EFL learners*. Doctoral dissertation, The University of Iowa, 253.

Finkbeiner, M. 2002. *Since when does "home" prime "family"? An investigation of*

L2 form-meaning mappings. Paper presented at Form-Meaning Connections in Second Language Acquisition conference, University of Illinois at Chicago.

Fischer, U. 1994. Learning words from context and dictionaries: An experimental comparison. *Applied Psycholinguistics*, 15: 551-574.

Fisher, D. F. 1975. Reading and visual search. *Memory and Cognition*, 3: 188-196.

Flege, J. E. & MacKay, I .R. A. 2004. Perceiving Vowels in a Second Language. *Studies in Second Language Acquisition*, 26: 1-34.

Francis, W. S. 1999. Cognitive integration of language and memory in bilinguals: Semantic representation. *Psychological Bulletin*, 125: 193-222.

Fraser, C. A. 1999. Lexical processing strategy use and vocabulary learning through reading. *Studies in Second Language Acquisition,* 21: 225-241.

Frazier, L. & Clifton, C. 1998. Comprehension of sluiced sentences. *Language and Cognitive Processes*, 13: 499-520.

Frenck-Mestre, C. & Prince, P. 1997. Second language autonomy. *Journal of Memory and Langauge*, 37: 481-501.

Furst, A. J. & Hitch, G. J. 2000. Separate roles for executive and phonological components of working memory in mental arithmetic. *Memory and Cognition*, 28:774-782.

Garrett, M. F. 1975. The analysis of sentence production. In Brower, G. (ed.) *Psychology of Learning and Motivation*. New York: Academic Press.

Gass, S. 1999. Incidental vocabulary learning. *Studies In Second Language Acquisition*, 21: 319-333.

Giacobbe, J. 1992. A cognitive view of the role of l1 in the l2 acquisition process. *Second Language Research*, 8: 232-250.

Gollan, T.H., Forster, K. I. & Frost, R. 1997. Translation priming with different scripts: Masked priming with cognates and noncognates in Hebrew-English bilinguals. *Journal of Experimental Psychology: Learning, Memory, and Cognition*, 23 : 1122-1139.

Grainger, J. & Dijkstra, T. 1992. On the representation and use of language information in bilinguals. In Harris, R. J. (ed.) *Cognitive processing in bilinguals*, Amsterdam: North Holland, 207-220.

Grainger, J. & Frenck-Mestre, C. 1998. Masked priming by translation equivalents in proficient bilinguals. *Language and Cognitive Processes*, 13: 601-623.

Green, P. S. & Hecht, K. 1993. Pupil self-correction in oral communication in English as a foreign language. *System*, 21: 151-163.

Greidanus, T. & Njenhuis, L. 2001. Testing the quality of word knowledge in L2 by means of word associations: Types of distractors and types of associations. *Modern Language Journal*, 85: 567-577.

Griffin, G. & Harley, T. A. 1996. List learning of second language vocabulary. *Applied Psycholinguistics*, 17: 443-460.

Groot, P. J. M. 2000. Computer assisted second language vocabulary acquisition. *Language Learning and Technology*, 4: 60-81.

Hakuta, K. 1987. The second-language learner in the context of the study of language acquisition. in Homet, P., Palij, M. & Aaronson, D. (eds.) *Childhood bilingualism: Aspects of Linguistic, Cognitive, and Social Development*. Hillsdale, NJ: Lawrence Erlbaum.

Hale, K. 1988. Linguistic theory: Generative Grammar. In Flynn, S. & O'Neil, W. (eds.) *Linguistic theory in second language acquisition*. Dordrecht: Kluwer Academic Publishers, 26-33.

Hall, G. J. 2002. The automatic cognate form assumption: evidence for the parasitic model of vocabulary acquisition. *IRAL*, 40: 69-87.

Han, Y. 2000. Grammaticality judgment tests: How reliable and valid are they? *Applied Language Learning*, 11: 177-204.

Han, Z. 2004. *Fossilization in adult second language acquisition*. Clevedon England; Buffalo, NY: Multilingual Matters.

Hancin-Bhatt, B. 1994. Segment transfer: A consequence of a dynamic system. *Second Language Research*, 10: 241-269.

Hardyck, C. 1978. Recognition memory processes and language dominance in bilingualism. *Journal of Psycholinguistic Research*, 7: 25-34.

Hatch, E. & Brown, C. 1995. *Vocabulary, semantics, and language education*. Cambridge: Cambridge University Press.

Hatch, E. & Lazaraton, A. 1991. *Design and statistics for applied linguistics*: *the research manual*. Heinle & Heinle Publishers.

Helms-Park, R. 2001. Evidence of Lexical Transfer in Learner Syntax: The Acquisition of English Causatives by Speakers of Hindi-Urdu and Vietnamese. *Studies in Second Language Acquisition,* 23: 71-102.

Hemchua, S. & Schimitt, N. 2006. An analysis of lexical errors in the English composition of Thai learners. *Prospect*, 21(3): 3-25.

Henriksen,B. 1999. Three dimensions of vocabulary development. *Studies in Second Language Acquisition*, 21: 303-317.

Hernandez, A., Li, P., & MacWhinney, B. 2005. The emergence of competing modules in bilingualism. *Trends in Cognitive Sciences*, 9: 220-225.

Hill, M. & Laufer, B. 2003. Type of task, time-on-task and electronic dictionaries in incidental vocabulary acquisition. *IRAL*, 41(2): 87-106.

Horst, M. 2005. Learning L2 vocabulary through extensive reading: A measurement study. *Canadian Modern Language Review*, 61(3): 355-382.

Horst, M., Cobb, T. & Meara, P. 1998. Beyond a clockwork orange: Acquiring second language vocabulary through reading. *Reading in a Foreign Language*, 11: 207-223.

Horst, M., Cobb, T. & Nicolae, I. 2005. Expanding academic vocabulary with an interactive on-line database. *Language Learning and Technology*, 9: 90-110.

Hsu, S.H., Huang, K. 2000. Effects of words spacing on reading Chinese text from a video display terminal. *Percetual and Motor Skills*, 90: 81-92.

Hu, G. 2002. Psychological constraints in the utility of metalinguistic knowledge in second language production. *Studies in Second Language Acquisition*, 24: 347-386.

Hu, M. & Nation, I. S. P. 2000. Vocabulary density and reading comprehension. *Reading in a Foreign Language*, 23(1): 403-430.

Huckin, T., & Coady, J. 1999. Incidental vocabulary acquisition in a second language. *Studies in Second Language Acquisition*, 21(2): 181-193.

Hudson, W. 1989. Semantic theory and L2 lexical development. In Gass, S. & Schachter, J. (eds.) *Linguistic perspectives on second language acquisition*, Cambridge:

Cambridge University Press, 222-238.

Hulstijn, J. H. 1992. Retention of inferred and given word meanings: experiments in incidental vocabulary learning. In Pierre, J. L. & Béjoint, H. (eds.) *Vocabulary and Applied Linguistics*. London: Macmillan Academic and Professional.

Hulstijn, J. H. 2001. Intentional and incidental second language vocabulary learning: a reappraisal of elaboration, rehearsal and automaticity. In Robinson, P. (ed.) *Cognition and Second Language Instruction*, New York: Cambridge University Press, 258-286.

Hulstijn, J. H., Hollander, M., & Greidanus, T. 1996. Incidental vocabulary learning by advanced foreign language students: The influence of marginal glosses, dictionary use, and reoccurrence of unknown words. *Modern Language Journal*, 80: 327-339.

Hyltenstam, K. 1992. Non-native features if near-native speakers: On the ultimate attainment of childhood L2 learners. In Harris, R. J. (ed.) *Cognitive processing in bilinguals*, Amsterdam: Elsevier, 351-390.

Ijaz, I.H. 1986. Linguistic and cognitive determinants of lexical acquisition in a second language. *Language Learning*, 36: 401-451.

Jarvis, S. 2000. Semantic and conceptual transfer. *Bilingualism*: *Language and Cognition*, 3:19-21.

Jarvis, S. 2009. Lexical Transfer. In Pavlenko, A. (eds.) *The Bilingual Mental Lexicon, Interdiciplinary Approaches*, Bristol. Buffalo. Toronto: Multilinugal Matters, 99-124.

Jarvis, S., & Odlin, T. 2000. Morphological type, spatial reference, and language transfer. *Studies in Second Language Acquisition*, 22: 535-556.

Jiang, N. 1999. Testing processing explanations for the asymmetry in masked cross-language priming. *Bilingualism: Language and Cognition*, 2: 59-75.

Jiang, N. 2000. Lexical representation and development in a second language. *Applied Linguistics*, 21/1: 47-77.

Jiang, N. 2002. Form-meaning mapping in vocabulary acquisition in a second language. *Studies in Second Language Acquisition*, 24: 617-637.

Jiang, N. 2004a. Semantic transfer and development in adult L2 vocabulary acquisition. In. Bogaards, P. & Laufer, B. (eds.) *Vocabulary in a second language:*

description, acquisition, and testing. Amsterdam: Benjamins.

Jiang, N. 2004b. Morphological insensitivity in second language processing. *Applied Psycholinguisitcs*, 25(2004), 603-634.

Jiang, N. 2007. Selective integration of linguistic knowledge in adult second language learning. *Language Learning*, vol.57 (1): 1-33.

Jin, Y. S. 1990. Effects of concreteness on cross-language priming in lexical decisions. *Perceptual and Motor Skills*, (70): 1139-1154.

Johonson, J. S. & Newport, E. L. 1989. Critical period effects in second language learning: the influences of maturational state on the acquisition of English as a second language. *Cognitive Psychology*, 21: 60-99.

Keatley, C., Spinks, J. A. & De Gelder, B. 1994. Asymmetrical cross-language priming effects. *Memory and Cognition*, 22: 70-84.

Kelly, P. 1991. Lexical ignorance: the main obstacle to listening comprehension with advanced foreign language learners. *IRAL*, 29(2): 135-149.

Kern, R. G. 1994. The role of mental translation in second language reading. Studies in *Second Language Acquisition*, 16: 441-461.

Kirner, K., Brown, H. L., Abrol, S., Chadha, N. K. & Sharma, N. K. 1980. Bilingual and lexical representation. *Quarterly Journal of Experimental Psychology*, 32: 585-594.

Kirsner, K., Smith, M. C. & Lockhart, R. S. 1984. The bilingual lexicon: Language-specific units in an integrated network. *Journal of Verbal Learning & Verbal Behavior*, 23: 519-539.

Knight, S. M. 1994. Dictionary use while reading: The effects on comprehension and vocabulary acquisition for students of different verbal abilities, *Modern Language Journal*, 78: 285-299.

Koda, K. 1997. Orthographic knowledge in L2 lexical processing: a cross-linguistic perspective. In Coady, J. & Huckin, T. (eds.) *Second Language Vocabulary Acquisition*, Cambridge University Press, 35-52.

Koda, K. 1996. L2 word recognition research: A critical review. *The Modern Language Journal*, 80: 450-460.

Kolers, P. A. 1963. Interlingual word associations. *Journal of Verbal Learning and Verbal Behavior*, (2): 291-300.

Kolers, P.A. 1966. Reading and talking bilingual. *American Journal of Psychology*. 79: 357-376.

Kormos, J. 2000. The role of attention in monitoring second language speech production. *Language Learning*, 50: 343-384.

Krashen, S. 1982. *Principles and practice in second language acquisition*. New York: Pergamon.

Krashen, S. 1985. *The Input Hypothesis: Issues and Implications*. London: Longman.

Krashen, S. 1989. We acquire vocabulary and spelling by reading: Additional evidence for the input hypothesis. *Modern Language Journal*, 73: 440-464.

Krashen, S., J.Butler, R. Birnbaum & J. Robertson. 1978. Two studies in language acquisition and language learning. *ITL: Review of Applied Linguistics*, 39/40: 73-92.

Kroll, J. F. 1993. Accessing conceptual representations for words in a second language. In Schreuder, R. & Weltens, B. (eds.) *The Bilingual Lexicon*. Amsterdam: Benjamin Publication Co.

Kroll, J. F. & Curley, J. 1988. Lexical memory in novice bilinguals: The role of concepts in retrieving second language words. In Gruneberg, M., Morris, P. & Sykes, R. (eds.) *Practical Aspects of Memory*, Vol. 2. London: John Wiley and Sons.

Kroll, J. F. & de Groot, A. 1997. Lexical and conceptual memory in the bilingual: Mapping form to meaning in two languages. de Groot, A. & Kroll, J. F. (eds.) *Tutorials in Bilingualism*: *Psycholinguistic Perspectives*, NJ: Erlbaum, 169-199.

Kroll, J. F. & Sholl, A. 1992. Lexical and conceptual memory in fluent and nonfluent bilinguals. In Harris, R. J. (ed.) *Cognitive Processing in Bilinguals*, Amsterdam: Elsevier Science, 191-204.

Kroll, J. F. & Stewart, E. 1990. Concept mediation in bilingual translation. *Bulletin of the Psychonomic Society*, 28 (6): 510-510.

Kroll, J. F. & Stewart, E. 1994. Category interference in translation and picture naming: Evidence for asymmetric connections between bilingual memory representations.

Journal of Memory and Language, 33:149-174.

Kroll, J. F. & Tokowicz, N. 2001. The development of conceptual representation for words in a second language. In Nicol, J. L. (ed.) *One Mind, Two Languages — Bilingual Language Processing. Explaining linguistics*, Malden, MA, US: Blackwell Publishers Ltd., 49-71.

Lardiere, D. 1998. Case and tense in the "fossilized" steady state. *Second Language Research*, 14: 1-26.

Larsen-Freeman, D. 1976. An explanation for the morpheme acquisition order of second language learners. *Language Learning*, 26: 125-134.

Larsen-Freeman, D. 2000. Second language acquisition and applied linguistics. *Annual Review of Applied Linguistics*. 20,165-181.

Laufer, B. 1988. The concept of "synforms" (similar lexical forms) in vocabulary acquisition. *Language and Education*, 2(2): 113-132.

Laufer, B. 1989. What percentage of text-lexis is essential for comprehension? In Lauren, C. & Nordman, M. (eds.) *Special language: From humans to thinking machines*, Clevedon: Multilingual Matters, 316-323.

Laufer, B. 1991. The development of L2 lexis in the expression of the advanced learner. *Modern Language Journal*, 75: 440-448.

Laufer, B. 1998. The development of passive and active vocabulary in a second language: Same or different? *Applied Linguistics*, 19: 255-271.

Laufer, B. 2003. Vocabulary acquisition in a second language: Do learners really acquire most vocabulary by reading? *Canadian Modern Language Review*, 59: 565-585.

Laufer, B. 2005a. Focus on form in second language vocabulary learning, *EUROSLA Yearbook*, 5: 223-250.

Laufer, B. 2005b. Instructed second language vocabulary learning: The fault in the "default hypothesis". In Housen, A. & Peirrard, M. (eds.) *Investigations in Instructed Second Language Acquisition*, Berlin: Mouton de Gruyter, 311-329.

Laufer, B. 2006. Focus on the classroom: Comparing Focus on Form and Focus on FormS in second-language vocabulary learning. *The Canadian Modern Language Review*,

63(1): 149-166.

Laufer, B. & Nation, P. 1995. Vocabulary size and use: Lexical richness in L2 written production. *Applied Lingustics*, 16: 307-322.

Laufer, B. & Nation, P. 1999. A vocabulary-size test of controlled productive ability. *Language Testing*, 16(1): 33-51.

Laufer, B. & Paribakht, T.S. 1998. The relationship between passive and active vocabularies: effects of language learning context. *Language Learning*, 48: 365-391.

Laufer, B. & Shmueli, K. 1997. Memorizing new words: Does teaching have anything to do with it? *RELC Journal,* 28: 89-108.

Lawson, M. & Hogben, D. 1996. The vocabulary learning strategies of foreign language students. *Language Learning*, 46: 101-135.

Lennon, P. 1991. Error and the very advanced learner. *IRAL*, 29: 31-44.

Lennon, P. 2000. The lexical element in spoken second language fluency. In Heidi, R. (ed.) *Perspectives on Fluency*, Ann Arbor: The University of Michigan Press, 25-42.

Levelt, W. J. 1989. *Speaking: From Intention to Articulation*. Cambridge, MA: Bradford.

Li, P. 2003. Language acquisition in a self-organizing neural network. In Quinlan, P. (ed.) *Connectionist Models of Development: Insights from real and artificial neural networks*. Taylor & Francis: Psychology Press.

Li, P. 2006. Modeling language acquisition and processing: Connectionist networks. In Li, P., Tan, L.H., Bates, E., & Tzeng, O. (eds.) *Handbook of East Asian Psycholinguistics* (Vol. 1: Chinese). Cambridge, UK: Cambridge University Press.

Li, P., Farkas, I., & MacWhinney, B. 2004. Early Lexical Development in a Self-Organizing Neural Network. *Neural Networks*, 17: 1345-1362.

Li, P., Tan, L. H., Bates, E. & Tzeng, O. J. L. (eds.) 2006. *The handbook of east Asian psycholinguistics*. New York: Cambridge University Press.

Liao, P. 2006. EFL learners' beliefs about and strategy use of translation in English learning. *RELC Journal*, 37(2): 191-215.

Lin,Y. 2000. Vocabulary acquisition and learning Chinese as a foreign language.

Journal of the Chinese Language Teachers Association, 35(1): 85-108.

Lin,Y. 2004. *Chinese Vocabulary acquisition and Learning Chinese as a Foreign Language*. Ph.D. dissertation in education in the Graduate College of the University of Iowa.

Long, M. 1991. Focus on form: A design feature in language teaching methodology. In De Bot, K. , Ginsberg, R. & Kramsh, C. (eds.) *Foreign Language Research in Cross-cultural Perspective*, Amsterdam: John Benjamins, 39-52.

Long, M. 1997. *Fossilization: Rigor Mortis in Living Linguistic Systems*? Paper presented at SLRF' 97, East Lansing, MI, October.

Long, M. 2003. Stabilization and fossilization in interlanguage development. In Doughty, C. & Long, M. H. (eds.) *The Handbook of Second Language Acquisition*, Malden, MA: Blackwell, 487-535.

Lotto, L. & De Groot, A. M. B. 1998. Effects of learning method and word type on acquiring vocabulary in an unfamiliar language. *Language Learning*, 48(1): 31-69.

Luppesku, S. & Day, R. 1993. Reading, dictionaries and vocabulary learning. *Language Learning*, 43: 263-287.

Macaulay, R. K. 1966. Vocabulary problems for Spanish learners. *English Language Teaching*, 20(2): 131-136.

Maréchal, C. 1995. *The bilingual lexicon: Study of French and English word association responses of advanced learners of French*. Master's dissertation of the University of Dublin.

Markham, P. 1989. Effects of contextual versus definitional computer-assisted vocabulary instruction on immediate and long-term vocabulary retention of advanced ESL students. *Educational Psychology*, 9: 121-126.

Martin, M. 1984. Advanced vocabulary teaching: The problem of synonyms. *Modern Language Journal*, 68: 130-137.

McCarthy, J. & Prince, A. 1993, 2001. *Prosodic Morphology: Constraint Interaction and Satisfaction*. Report No. RuCCS-TR-3. New Brunswick, NJ: Rutgers University Center for Cognitive Science.

McLaughlin, B. 1990. Restructuring. *Applied Linguistics*, 11: 113-128.

Melka, F. 1982. Receptive versus productive vocabulary: a survey. *Interlanguage Studies Bulletin-Utrecht*, 6: 5-33.

Melka, F. 1997. Receptive vs. productive aspects of vocabulary. In Schmitt, N. & McCarthy, M. (eds.) *Vocabulary: Description, Acquisition and Pedagogy*, Cambridge: Cambridge University Press, 84-102.

Meara, P. 1982a. Vocabulary Acquisition: A Neglected Aspect of Language Learning. In Kinsella, V. (ed.) *Surveys 1:Eight State-of-the Art Articles on Key Areas in Language Teaching*, Cambridge: Cambridge UP, 100-126.

Meara, P. 1882b. Word association in a foreign language: A report on the Birkbeck Vocabulary Project. *Nottingham Linguistic Circular*, 11: 29-37.

Meara, P. 1983a. *Vocabulary in Second Language: Specialized Biliography 3*. London: Center for Information on Language Teaching and Research.

Meara, P. 1983b. *Vocabulary in Second Language: Sepecialized Bibliography 4*. London: Center for Information on Language Teaching and Research.

Meara, P. 1984. The study of lexis in interlanguage. In Davies, A. Howart & Criper, C. (eds.) *Interlanguage*, Edinburgh: Edinburgh University Press, 225-235.

Meara, P. 1990. A note on passive vocabulary. *Second Language Research*, 6(2): 150-154.

Meara, P. 1996a. The dimensions of lexical competence. In Gillian, B., Malmkjoer, K. & Willians, J. (eds.) *Performance and Competence in Second Language Acquisition*, Cambridge University Press, 33-53.

Meara, P. 1996b. The classical research in L2 vocabulary acquisition. In Anderman, G.M. & Rogers, M. A. (eds.) *Words, Words, and Words: The translator and the Language learner*. Clevedon: Multilingual Matters LTD, 27-40.

Meara, P. 1997. Towards a new approach to modeling vocabulary acquisition. In Schmitt, N. & McCarthy, M. (eds.) *Vocabulary Description, Acquisition and Pedagogy*, Cambridge University Press, 109-121.

Meara, P. 2002. The rediscovery of vocabulary. *Second Language Research*, 18(2):

393-407.

Meara, P. & Jones, G. 1988. Vocabulary size as a placement indicator. In Grunwell, P. (ed.) *Applied Linguistics in Society*. London: CILT.

Meara, P., Lightbown, P. M. & Halter, R. H. 1997. Classrooms as lexical environments. *Language Teaching Research*, 1(1): 28-47.

Meyer, D. E. & Ruddy, M. G. 1974. *Bilingual word recognition: Organization and retrieval of alternative lexical codes*. The Easter Psychological Association Meeting. Philadelphia, Pennsylvania.

Milton, J. 2009. *Measuring Second Language Vocabulary Acquistion*. Bristol: Multilingual Matters.

Milton, J. & Hopkins, N. 2006. Comparing phonological and orthographic vocabulary size: Do vocabulary tests underestimate the knowledge of some learners? *Canadian Modern Language Review*, 63(1): 127-147.

Mondria, J. A. 2003. The effects of inferring, verifying, and memorizing on the retention of L2 word meaning. *Studies in Second Language Acquisition*, 25: 473-499.

Monahan, P. J. 2001. *Evidence of Transference and Emergence in the Interlanguage*. Available on line at http:// roa.rutgers.eduu/files/444-0701/444-0701-monahan-0-0.pdf.

Mondria, J. A. & Wiersma, B. 2004. Receptive, productive, and receptive + productive L2 vocabulary learning: What difference does it make? In Bogaards, P. & Laufer, B. (eds.) *Vocabulary in a second language: Selection, acquisition and testing*, Amsterdam: Benjamins, 79-100.

Mondria, J. R. & Wit-de Boer, M. 1991. The effects of contextual richness on the guessability and the retention of words in a foreign language. *Applied Linguistics*, 12: 249-267.

Montrul, S. 2001. First-language-constrained variability in the second-language acquisition of argument-structure-changing morphology with causative verbs. *Second Language Research*, 17:144-194.

Morris, R.K., Rayner, K.,& Pollatsek, A. 1989. Eye movement guidance in reading: The role of parafoveal letter ad space information. *Journal of Experimental Psychology: Human Perception and Performance*, 16: 268-281.

Mori, Y. 1998. Effects of L1 and phonological accessibility on Kanji recognition. *Modern Language Journal*, 82(1): 69-82.

Muranoi, H. 2000. Focus on form through interaction enhancement: Integrating formal instruction into a communicative task in EFL classrooms. *Language Learning*, 50: 617-673.

Murphy, V. A. 1997. The effect of modality on a grammaticality judgement task. *Second Language Research*, 13: 34-65.

Nation, P. 1990. *Teaching and Learning Vocabulary*. New York: Newbury House.

Nation, P. 1993. Vocabulary Size, Growth, and Use. In Schreuder, R. & Weltens, B. (eds.) *The bilingual lexicon*, Amsterdam: John Benjamins Publishing Company, 115-134.

Nation, P. 2001. *Learning Vocabulary in Another Language*. Cambridge: Cambridge University Press.

Nation, P. 2006. How large a vocabulary is needed for reading and listening? *Canadian Modern Language Review*, 63(1): 59-82.

Nation, P. 2013. *Teaching and Learning Vocabulary*. Boston: Heinle Cengage Learning

Nation, P. & Wang, K. 1999. Graded readers and vocabulary. *Reading in a Foreign Language*, 12: 355-380.

Nesselhauf, N. 2003. The use of collocations by advanced learners of English and some implications for teaching. *Applied Linguistics*, 24(2): 223-242.

Norris, J.& Ortega, L. 2000. Effectiveness of L2 instruction: a research synthesis and quantitative meta-analysis. *Language Learning*, 50: 417-528.

Odlin,T. 1989. *Language Transfer: Cross-Linguistic Influence in Language Learning. Cambridge*, New York: Cambridge University Press.

O'Gorman, E. 1996. An investigation of the mental lexicon of second language learners. *Teanga The Irish Yearbook of Applied Linguistics*, 16: 15-31.

Olshtain, E. & Cohen, A. 1989. Speech act behavior across languages. In Dechert, H.W. & Raupach, M. (eds.) *Transfer in language production*. Norwood, NJ: Ablex, 53-67.

Paivio, A. 1991. Mental representation in bilinguals. In Revnolds, A.G. (ed.) *Bilingualism, Multiculturalism, and Second Language Learning*, Hillsdale, NJ: Erlbaum, 113-126.

Palmberg, R. 1987. Patterns of vocabulary development in foreign language learners. *Studies in Second Language Acquisition*, 9: 201-220.

Paradis, M. 2004. Neurolinguistics of bilingualism and the teaching of languages. Retrieved at http://www.semoiticon.com/virtuals/multimodality. htm.

Paribakht, T.S., Wesche, M.1999. Vocabulary enhancement activities and reading for meaning in second language vocabulary acquisition. In Coady, J. & Huckins, T. (eds.) *Second Language vocabulary acquisition,* Cambridge: Cambridge University Press, 174-200.

Pavlenko, A. 1999. New approaches to concepts in bilingual memory. *Bilingualism: Language and Cognition*, 2: 209-230.

Pavlenko, A. 2008. Structural and conceptual equivalence in the acquisition and use of emotion words in a second language. *The Mental Lexicon*, 3(1): 91-120.

Pavlenko, A. 2009. Conceptual Representation in the Bilingual Lexicon and Second Language Vocabulary Learning. In Pavlenko, A. (eds.) *The Bilingual Mental Lexicon, Interdiciplinary Approaches*, Bristol. Buffalo. Toronto: Multilinugal Matters, 125-160.

Perfetti, C. A., L.C. Bell & Delaney, S. M. 1988. Automatic (prelexical) phonetic activation in silent word reading: Evidence from backward masking. *Journal of Memory and Language*, 27: 59-70.

Pica, T. 1983. Adult acquisition of English as a second language under different conditions of exposure. *Language Learning*, 33: 465-497.

Pica, T. 2002. Subject-matter content: How does it assist the interactional and linguistic needs of classroom language learners? *Modern Language Journal*, 86: 1-19.

Potter, M. C., K. So, B. von Eckardt & L. B.Feldman. 1984. Lexical and conceptual representation in beginning and proficient bilinguals. *Journal of Verbal Learning and Verbal Behavior*, 23: 23-38.

Prince, P. 1996. Second language vocabulary learning: The role of context versus translation as a function of proficiency. *The Modern Language Journal*, 80: 478-493.

Pulido, D. 2003. Modeling the role of second language proficiency and topic familiarity in second language incidental vocabulary acquisition through reading. *Language Learning*, 53: 233-284.

Qian, D. D. 1996. ESL vocabulary acquisition: Contextualization and decontextualization. *Canadian Modern Language Review*, 53:120-142.

Qian, D. D. 1999. Assessing the roles of depth and breadth of vocabulary knowledge. *Canadian Modern Language Review*, 56: 282-307.

Qian, D. D. 2002. Investigating the relationship between vocabulary knowledge and academic reading performance: An assessment perspective. *Language Learning*, 52: 513-536.

Ramachandran, S. D. & Rahim, H. A. 2004. Meaning recall and retention: The impact of the translation method on elementary level learners' vocabulary learning. *RELC Journal*, 35(2): 161-178.

Read, J. 2000. *Assessing Vocabulary*. Cambridge: Cambridge University Press.

Read, J. 2004. *Research in teaching vocabulary Annual Review of Applied Linguistics*. Printed in the USA Cambridge University Press, 24: 146-161.

Richards, J. 1976. The role of vocabulary teaching. *TESOL Quarterly*, 10: 77-89.

Ringbom, H. 1978. The influence of the other tongue on the translation of lexical items. *The Interlanguage Studies Bulletin*, 3(1): 80-101.

Ringbom, H. 1983. Borrowing and lexical transfer. *Applied Linguistics*, 4: 207-212.

Robinson, P. 1996. Learning simple and complex second language rules under implicit, incidental, rule-search, and instructed conditions. *Studies in Second Language Acquisition*, 18: 27-67.

Robinson, P. 1997. Generalizability and automaticity of second language learning under implicit, incidental, enhanced and instructed conditions. *Studies in Second Language Acquisition*, 19: 223-247.

Salaberry, M. R. 1997. The role of input and output practice in second language acquisition. *The Canadian Modern Language Review*, 53: 422-451.

Salaberry, M. R. & Lopez-Ortega, N. 1998. Accurate L2 production across language tasks: Focus on form, focus on meaning, and communicative control. *Modern Language Journal*, 82: 514-532.

Sanchez-Gasas, R. M., Davis, C. W., & Garcia-Albea, J. E.1992. Bilingual lexical processing: Exploring the cognate/noncognate distinction. *European Journal of Cognitive Psychology*, 4: 293-310.

Santos, T. 1988. Professors' reactions to the academic writing of nonnative speaking students. *TESOL Quarterly*, 22: 69-90.

Scarborough, D., Gerard, L. & Cortese, C. 1984. Independence of Lexical Access in Bilingual Word Recognition. *Journal of Verbal Learning & Verbal Behavior*, 23: 84-99.

Schmidt, R. 1983. Interaction, acculturation, and the acquisition of communicative competence. In Wolfson, N. & Manes, J. (eds.) *Sociolinguistics and Second Language Acquisition,* Rowley, MA: Newbury House, 137-174.

Schmidt, R. 1990. The role of consciousness in second language learning. *Applied Linguistics*, 11: 17-45.

Schmidt, R. 1992. Psychological mechanisms underlying second language fluency. *Studies in Second Language Acquisition*, 14: 357-385.

Schmidt, R. 1994. Deconstructing consciousness in search of useful definitions for applied linguistics. In Hulstijn, J. & Schmidt, R. (eds.) *Consciousness in Second Language Learning, Special issue of AILA Review*, 11: 11-26.

Schmitt, N. 1998. Tracking the incremental acquisition of second language vocabulary: A longitudinal study. *Language Learning*, 48: 281-317.

Schmitt, N. 2000. *Vocabulary in Language Teaching*. Cambridge: Cambridge University Press.

Schmitt, N. 2008. Review article: Instructed second language vocabulary learning. *Language Teaching Research*, 12(3): 329-363.

Schimitt, N. 2010. *Researching Vocabulary: a Vocabulary Research Manual*. Hampshire: Palgrave Macmillan.

Schmitt, N.& Meara, P. 1997. Researching vocabulary through a word knowledge framework: word association and verbal suffixes. *Studies in Second Language Acquisition*, 19: 17-36.

Schmitt, N., & McCarthy, M. (eds.) 1997. *Vocabulary: Description, Acquisition and Pedagogy*. Cambridge: Cambridge University Press.

Schwanenflugel, P. J. & Rey, M. 1986. Interlingual semantic facilitation: Evidence for a common representational system in the bilingual lexicon. *Journal of Memory and Language*, 25: 605-618.

Segalowitz, N. 2003. Automaticity and second languages. In Doughty, C. & Long, M. H. (eds.) *The Handbook of Second Language Acquisition*, Malden, MA: Blackwell Pub, 382-408.

Segalowitz, N., Watson, V. & Segalowitz, S. 1995. Vocabulary sill: Single-case assessment of automaticity of word recognition in a timed lexical decision task. *Second Language Research*, 11: 121-136.

Segalowitz, S. J., Segalowitz, N. S. & Wood, A. G. 1998. Assessing the development of automaticity in second word recognition. *Applied Psycholinguistics*, 19: 53-67.

Selinker,L.& Lakshmanan,U. 1992. Language transfer and fossilization: The multiple effects principle. In Gass, S. & Selinker, L. (eds.) *Language Transfer in Language Learning,* Amsterdam: John Benjamins, 197-216.

Shen, H. H. 2008. An analysis of word decision strategies among learners of Chinese. *Foreign Language Annals*, 8(3): 501-524.

Singleton, D. 1999. *Exploring the Second Language Mental Lexicon*. Cambridge University Press.

Smith, B. 2004. Computer-mediated negotiated interaction and lexical acquisition. *Studies in Second Language Acquisition*, 26: 365-398.

Stick, G. J. 1980 A hypothesis for semantic development in a second language. *Language Learning*, 30:155-176.

Söderman,T. 1993. Word associations of foreign language learners and native speakers: The phenomenon of a shift in response type and its relevance for lexical development. In Ringbom, H. (ed.) *Near-native proficiency in English,* Abo, Finland: Abo Akademi, 91-182.

Sonaiya, R. 1991.Vocabulary acquisition as a process of continuous lexical disambiguation. *IRAL,* 29: 273-284.

Steffe, L. P. & Gale, J. 1995. *Constructivism in Education*, Hillsdale, NJ: Lawrence Erlbaum.

Stone, M., Sandra, L. Ladd & Gabrieli, D. J. 2000. The role of selective attention in perceptual and affective priming. *American Journal of Psychology*, 113: 341-358.

Sunderman, G. & Kroll, J. F. 2006. First language activation during second language lexical processing. S*tudies in Second Language Acquisition*, 28: 387-422.

Swan, M. 1997. The influence of the mother tongue on second language vocabulary acquisition and use. In Schmitt, N. & McCarthy, M. (eds.) *Vocabulary: Description, acquisition and pedagogy*. Cambridge: Cambridge University Press, 156-180.

Swan, M. 2005. Legislation by hypothesis: The case of task-based instruction. *Applied Linguistics,* 26: 376-401.

Swanborn, M. S. L. & De Glopper, K. 2002. Impact of reading purpose on incidental word learning from context. *Language Learning*, 52: 95-117.

Talamas, A., Kroll, J. F. & Dufour, R. 1999. From form to meaning: Stages in the acquisition of second language acquisition. *Bilingualism: Language and Cognition*, 2(1): 45-98.

Taft Marcus & Xiaoping Zhu. 1994 The representation of bound morphemes in the lexicon: A Chinese study. In Feldman, L. (ed.) *Morphological aspects of language processing*. Hillsdale, NJ: Lawrence Erlbaum Associates Inc.

Tang, E. & Nesi, H. 2003. Teaching vocabulary in two Chinese classrooms: Schoolchilrdren's exposure to English words in Hong Kong and Guangzhou. *Language Teaching Research*, 7(1): 65-97.

Teichroew, F.M.1982. A study of receptive versus productive vocabulary. *Interlanguage Studies Bulletin*, 6: 3-33.

Trueswell, J. C. 1996. The role of lexical frequency in syntactic ambiguity resolution. *Journal of Memory and Language*, 35: 566-585.

Van Orden, G. C. 1987. A Rows is a ROSE: Spelling, sound, and reading. *Memory and Cognition*, 15:181-198.

VanPatten, B. 1990. Attending to content and form in the input: an experiment in consciousness. *Studies in Second Language Acquisition*, 12: 287-301.

Verhallen, M. & Schoonen, R.1993. Lexical knowledge of monolingual and bilingual children. *Applied Linguistics*, 14: 344-363.

Verhallen, M. & Schoonen, R. 1998. Lexical knowledge in L1 and L2 of third and fifth graders. *Applied Linguistics*, 19: 452-470.

Vidal, K. 2003. Academic listening: A source of vocabulary acquisition? *Applied Linguistics*, 24: 56-89.

Walters, J. M. 2004. Teaching the use of context to infer meaning: A longitudinal survey of L1 and L2 vocabulary research. *Language Teaching,* 37(4): 243-252.

Waring, R. 1997. A comparison of the receptive and productive vocabulary sizes of some second language learners. *Immaculata* (Notre Dame Seishin University, Okayama). 1: 53-68.

Waring, R. 1999. *Tasks for assessing receptive and productive second language vocabulary*. Doctoral dissertation, University of Wales, Swansea, UK.

Waring, R. 2002. Basic principles and Practice in vocabulary instruction. *The Language Teacher*, 26(7): 11-13.

Waring, R. 2003. At what rate do learners learn and retain new vocabulary from reading a graded reader? *Reading in a Foreign Language*, 15: 130-163.

Watanabe, Y. 1997. Input, intake and retention: Effects of increased processing on incidental learning of foreign language vocabulary. *Studies in Second Language Acquisition*, 19: 287-307.

Watkins, M. J. & Peynirioglu, Z. F. 1983. On the Nature of Word Recall: Evidence for Linguistic Specificity. *Journal of Verbal Learning & Verbal Behavior*, 22: 336-394.

Waters, G. S. & Caplan, D. 1997. Working memory and on-line sentence comprehension in patients with Alzheimer's disease. *Journal of Psycholinguistic Research*, 26: 377-400.

Weinreich, U. 1953. *Language in Contact: Finding and Problems*. New York: Linguistic Circle of New York.

Wesche, M. & Paribakht, S. (eds.) 1999. Incidental L2 Vocabulary Acquisition: Theory, current research, and instructional implications [Special issue]. *Studies in Second Language Acquisition*, 21(2).

White, L. 2003. Fossilization in steady state L2 grammars: Persistent problems with inflectional morphology. *Bilingualism: Language and Cognition,* 6: 129-141.

Whong-Barr, M. & Schwartz, B. D. 2002. Morphological and syntactic transfer in child L2 acquisition of the English dative alternation. *Studies in Second Language Acquisition*, 24: 579-616.

Wilson, H. 1999. *The Overlapping Distributive Model for the Bilingual Lexicon: Some Evidence from Spanish-English Form Meaning.* Doctoral dissertation, The University of New Mexico.

Wode, H. 1986. Language transfer: A cognitive, functional, and developmental view. In Kellerman, E. & Sharwood Smith, M. (eds.) *Cross-linguistic influence in second language acquisition.* Oxford: Pergmon Press, 10-20.

Wode, H. 1997. Incidental vocabulary acquisition in the foreign language classroom. *Studies in Second Language Acquisition*, 21(2): 243-258.

Wolter, B. 2001. Comparing the L1 and L2 mental lexicon-A depth of individual word knowledge model. *Studies in Second Language Acquisition*, 23: 4-69.

Wurm, L. H. & Samuel, A. G. 1997. Lexical inhibition and attentional allocation during speech perception: Evidence from phoneme monitoring. *Journal of Memory and Language*, 36: 165-187.

Yu, M. C. 2004. Interlinguistic Variation and Similarity in Second Language Speech Act Behavior. The Modern Language Journal, 88: 102-119.

Zahar, R., Cobb, T. & Spada, N. 2001. Acquiring vocabulary through reading: Effects of frequency and contextual richness. *Canadian Modern Language Review*, 57: 541-572.

Zhang, B., Jiang, X. & Shi, W. 1994. Semantic and repetition priming between- and within-language. In Jiang, Q., Zhang, H. & Peng, D.(eds.) Information Processing of Chinese Language. *Beijing: Beijing Normal University Publishing Co.*, 42-51.

Zhou, X., Shu, H., Bi, Y. & Shi, D. 1999. Is there phonologically mediated access to lexical semantics in reading Chinese? In Wang, J.,Inhoff, A. W. & Chen, H-C. (eds.) *Reading Chinese Script*, NJ: LEA Publishers, 135-172.

Zughoul, M. R. 1991. Lexical choice: towards writing problematic word lists. *IRAL*, 29: 45-59.

附　　录

附录 1：词汇语义相关度测试

Decide the meaning relatedness of each following pair by a 4-scale measurement:

① vaguely similar

② similar

③ very similar

④ nearly identical

No dictionary is allowed, please.

1. 交（jiāo）—给（gěi）　　　　① ② ③ ④

2. 讲（jiǎng）—说（shuō）　　　① ② ③ ④

3. 这里（zhèlǐ）—作业（zuòyè）　① ② ③ ④

4. 老（lǎo）—旧（jiù）　　　　　① ② ③ ④

5. 困难（kùnnán）—问题（wèntí）　① ② ③ ④

6. 知道（zhīdào）—认识（rènshi）　① ② ③ ④

7. 名字（míngzi）—昨天（zuótiān）　① ② ③ ④

8. 非常（fēicháng）—特别（tèbié）　　① 　② 　③ 　④

9. 剩（shèng）—留（liú）　　① 　② 　③ 　④

10. 永远（yǒngyuǎn）——直（yìzhí）　　① 　② 　③ 　④

11. 口语（kǒuyǔ）—城市（chéngshì）　　① 　② 　③ 　④

12. 轻松（qīngsōng）—容易（róngyi）　　① 　② 　③ 　④

13. 友好（yǒuhǎo）—热情（rèqíng）　　① 　② 　③ 　④

14. 住（zhù）—活（huó）　　① 　② 　③ 　④

15. 照片（zhàopiàn）—老师（lǎoshī）　　① 　② 　③ 　④

16. 祝（zhù）—希望（xīwàng）　　① 　② 　③ 　④

17. 离（lí）—分（fēn）　　① 　② 　③ 　④

18. 只（zhǐ）—才（cái）　　① 　② 　③ 　④

19. 表示（biǎoshì）—说明（shuōmíng）　　① 　② 　③ 　④

20. 早上（zǎoshang）—上午（shàngwǔ）　　① 　② 　③ 　④

21. 掉（diào）—丢（diū）　　① 　② 　③ 　④

22. 茶（chá）—心（xīn）　　① 　② 　③ 　④

23. 打算（dǎsuàn）—计划（jìhuà）　　① 　② 　③ 　④

24. 主要（zhǔyào）—重要（zhòngyào）　　① 　② 　③ 　④

25. 发展（fāzhǎn）—进步（jìnbù）　　① 　② 　③ 　④

注：

同译组

老—旧　讲—说　轻松—容易　只—才　祝—希望　早上—上午　打算—计划
知道—认识　住—活　剩—留

异译组

主要—重要　友好—热情　非常—特别　掉—丢　困难—问题　发展—进步
永远—一直　离—分　交—给　表示—说明

无关组

这里—作业　名字—昨天　照片—老师　口语—城市　茶—心

附录2：对译词义项相同和义项不同的词汇测试

Read the following English sentences; choose your answer to complete their Chinese translations. NO dictionary, please.

1. People there can **live** for a hundred years.

   那儿的人能 ＿＿＿＿ 一百。

   A. Only 活（huó） is appropriate.

   B. Only 住（zhù） is appropriate.

   C. Both words are appropriate.

   D. Not sure.

2. Easier **said** than done.

   ＿＿＿＿ 着容易做着难。

   A. Only 讲 （jiǎng） is appropriate.

   B. Only 说 （shuō） is appropriate.

   C. Both words are appropriate.

   D. Not sure.

3. I saw him **only** yesterday.

   我昨天 ＿＿＿＿ 看见他。

   A. Only 才 （cái） is appropriate.

   B. Only 只 （zhǐ） is appropriate.

   C. Both words are appropriate.

   D. Not sure.

4. This is an **old** sofa.

   这个沙发很 ＿＿＿＿。

   A. Only 旧 （jiù） is appropriate.

B. Only 老 （lǎo） is appropriate.

C. Both words are appropriate.

D. Not sure.

5. She gave the whole **class** much homework.

她给全 ＿＿＿ 很多作业。

A. Only 课 （kè） is appropriate.

B. Only 班 （bān） is appropriate.

C. Both words are appropriate.

D. Not sure.

6. What a **happy** family he has!

他有一个多么 ＿＿＿ 的家庭！

A. Only 愉快 （yúkuài） is appropriate.

B. Only 幸福 （xìngfú） is appropriate.

C. Both words are appropriate.

D. Not sure.

7. You should **take** the dog for a walk.

你应该 ＿＿＿ 狗去散步。

A. Only 拿 （ná） is appropriate.

B. Only 带 （dài） is appropriate.

C. Both words are appropriate.

D. Not sure.

8. He is **wearing** a very big hat.

他 ＿＿＿ 着一个很大的帽子。

A. Only 穿 （chuān） is appropriate.

B. Only 戴 （dài） is appropriate.

C. Both words are appropriate.

D. Not sure.

9. There are a lot of **exercises** in Chinese class.

    中文课有很多 ____。

    A. Only 练习（liànxí）is appropriate.

    B. Only 锻炼（duànliàn）is appropriate.

    C. Both words are appropriate.

    D. Not sure.

10. We want an **easy** life.

    我们想过 ____ 的生活。

    A. Only 容易（róngyì）is appropriate.

    B. Only 轻松（qīngsōng）is appropriate.

    C. Both words are appropriate.

    D. Not sure.

11. I **heard** him singing.

    我 ____ 他在唱歌。

    A. Only 听见（tīngjiàn）is appropriate.

    B. Only 听说（tīngshuō）is appropriate.

    C. Both words are appropriate.

    D. Not sure.

12. For the past 15 years, he's **always** been my good friend.

    15 年了，他 ____ 是我的好朋友。

    A. Only 总是（zǒngshì）is appropriate.

    B. Only 一直（yìzhí）is appropriate.

    C. Both words are appropriate.

    D. Not sure.

13. I **wish** he could come.

    我 ____ 他来。

    A. Only 祝（zhù）is appropriate.

    B. Only 希望（xīwàng）is appropriate.

C. Both words are appropriate.

D. Not sure.

14. It takes you some **time** to learn Chinese well.

学好中文需要一些 ____。

A. Only 时候（shíhou）is appropriate.

B. Only 时间（shíjiān）is appropriate.

C. Both words are appropriate.

D. Not sure.

15. I don't **think** she will get the job.

我不 ____ 她能得到那个工作。

A. Only 认为（rènwéi）is appropriat.e

B. Only 想（xiǎng）is appropriate.

C. Both words are appropriate.

D. Not sure.

16. I **can** swim well.

我 ____ 游得很好。

A. Only 会（huì）is appropriate.

B. Only 能（néng）is appropriate.

C. Both words are appropriate.

D. Not sure.

17. We **knew** each other a long time ago.

我们很早就 ____ 了。

A. Only 知道（zhīdào）is appropriate.

B. Only 认识（rènshi）is appropriate.

C. Both words are appropriate.

D. Not sure.

18. Please say that **again**.

请 ____ 说一遍。

A. Only 再（zài）is appropriate.

B. Only 又（yòu）is appropriate.

C. Both words are appropriate.

D. Not sure.

19. I can **feel** his heart beating.

我能 ____ 他的心跳。

A. Only 感到（gǎndào）is appropriate.

B. Only 觉得（juéde）is appropriate.

C. Both words are appropriate.

D. Not sure

20. She ate very **little** at dinner.

她晚饭吃得很 ____。

A. Only 少（shǎo）is appropriate.

B. Only 小（xiǎo）is appropriate.

C. Both words are appropriate.

D. Not sure.

注：

SM组

讲—说　才—只　愉快—幸福　会—能　再—又　感到—觉得　祝—希望
穿—戴　早上—上午

DM组

活—住　练习—锻炼　旧—老　容易—轻松　听见—听说　知道—认识
时间—时候　班—课　少—小　认为—想

附录3：汉语词素和英语对译形式多对一和多对多条件下的词汇测试

PART ONE

Choose YOUR translation for the following underlined English words or phrases, NO dictionary, please.

1. I bought her a red **hand bag**.

   A. 手包（shǒu bāo）　　　　B. 手袋（shǒu dài）

   C. both right　　　　　　　D. both wrong

2. She has been working as a **ticket seller** for 20 years.

   A. 卖票员（màipiào yuán）　　　B. 售票员（shòupiào yuán）

   C. both right　　　　　　　　　D. both wrong

3. There is a small **food store** downstairs.

   A. 食物店（shíwù diàn）　　　　B. 食品店（shípǐn diàn）

   C. both right　　　　　　　　　D. both wrong

4. This **way of doing things** is not good.

   A. 干法（gàn fǎ）　　　　　　B. 为法（wéi fǎ）

   C. both right　　　　　　　　D. both wrong

5. The fan is made of **chicken feather**.

   A. 鸡毛（jī máo）　　　　　　B. 鸡羽（jī yǔ）

   C. both right　　　　　　　　D. both wrong

6. I enjoy staying in the small **tea shop**.

   A. 茶店（chá diàn）　　　　　B. 茶馆（chá guǎn）

   C. both right　　　　　　　　D. both wrong

7. The **inside** of the pot was painted red.

   A. 里部（lǐ bù）　　　　　B. 内部（nèi bù）

C. both right   D. both wrong

8. I saw the **steps** leading up to the house.

    A. 台级（tái jí）   B. 台阶（tái jiē）

    C. both right   D. both wrong

9. He hosted a radio program called *Beijing **Night Talk**.*

    A. 夜话（yè huà）   B. 晚话（wǎn huà）

    C. both right   D. both wrong

10. The **city gate** was rebuilt in 1367.

    A. 市门（shì mén）   B. 城门（chéng mén）

    C. both right   D. both wrong

PART TWO

The following Chinese expressions may be all NEW to you, but please try to choose the right forms according to their English equivalents. NO dictionary, please.

1. **destination spot**

    目的 ＿＿＿（mùdì＿＿＿）

    A. 点（diǎn）   B. 地（dì）

    C. 区（qū）   D. 处（chù）

2. **starting point**

    起 ＿＿＿（qǐ＿＿＿）

    A . 点（diǎn）   B. 地（dì）

    C. 区（qū）   D. 处（chù）

3. **residential area**

    居民 ＿＿＿（jū mín＿＿＿）

    A. 点（diǎn）   B. 地（dì）

    C. 区（qū）   D. 处（chù）

4. **reception room**

接待 ____（jiē dài ____）

A. 室（shì）　　　　　B. 间（jiān）

C. 房（fáng）　　　　　D. 所（suǒ）

5. **guest house**

招待 ____（zhāo dài ____）

A. 室（shì）　　　　　B. 间（jiān）

C. 房（fáng）　　　　　D. 所（suǒ）

6. **room number**

____ 号（____ hào）

A. 室（shì）　　　　　B. 间（jiān）

C. 房（fáng）　　　　　D. 所（suǒ）

7. **basement** (of a house)

地下 ____（dì xià ____）

A. 室（shì）　　　　　B. 间（jiān）

C. 房（fáng）　　　　　D. 所（suǒ）

8. **inner room** (of an apartment)

里 ____（lǐ ____）

A. 室（shì）　　　　　B. 间（jiān）

C. 房（fáng）　　　　　D. 所（suǒ）

9. **talk show**

____ 话节目（____ huà jiému）

A. 说（shuō）　　　　　B. 讲（jiǎng）

C. 谈（tán）　　　　　D. 告（gào）

10. **tell a lie**

____ 谎（____ huǎng）

A. 说（shuō）　　　　　B. 讲（jiǎng）

C. 谈（tán）　　　　　D. 告（gào）

附录4：同义单、双音节词／词素测试。

Read the following sentences and their Chinese translation, choose your answer for the underlined words to complete the Chinese sentences. No dictionary is allowed.

1. There are many **good places** in China.

   中国有很多 ＿＿＿。

   A. Only 好地方（hǎo dì fāng）is appropriate.

   B. Only 好地（hǎodì）is appropriate.

   C. Both words are appropriate.

   D. Not sure.

2. When is the Chinese **carnival** ?

   中国的 ＿＿＿ 是什么时候？

   A. Only 狂欢节日（kuáng huān jié rì）is appropriate.

   B. Only 狂欢节（kuáng huān jié）is appropriate.

   C. Both words are appropriate.

   D. Not sure.

3. Did you wash my **pyjama**?

   你洗我的 ＿＿＿ 了吗？

   A. Only 睡觉裤（shuì jiào kù）is appropriate.

   B. Only 睡裤（shuì kù）is appropriate.

   C. Both words are appropriate.

   D. Not sure.

4. He is the **middleman** between the two families.

   他是两家的 ＿＿＿＿＿＿＿。

   A. Only 中人（zhōng rén）is appropriate.

B. Only 中间人（zhōng jiān rén）is appropriate.

C. Both words are appropriate.

D. Not sure.

5. Beijing is improving transportation with **full effort**.

北京 _____ 发展交通。

A. Only 全力 （quá lì）is appropriate.

B. Only 全部力（quán bù lì）is appropriate.

C. Both words are appropriate.

D. Not sure.

6. The market is called ***City** of Used Vehicle*.

那个市场叫作"二手 _____"。

A. Only 车城（chē chéng）is appropriate.

B. Only 车城市（chē chéng shì）is appropriate.

C. Both words are appropriate.

D. Not sure.

7. Mr. Hu has a happy **family life** .

胡先生的 _____ 很快乐。

A. Only 家生活（jiā shēng huó）is appropriate.

B. Only 家庭生活（jiā tíng shēng huó）is appropriate.

C. Both words are appropriate.

D. Not sure.

8. Mark works on a **nigh shift** these days.

马克这些天上 _____。

A. Only 晚班（wǎn bān）is appropriate.

B. Only 晚上班（wǎn shang bān）is appropriate.

C. Both words are appropriate.

D. Not sure.

9. He is right(has **no mistake**), we should listen to him!

   他 _____，我们应该听他说！

   A. Only 没错（méi cuò）is appropriate.

   B. Only 没错误（méi cuò wu）is appropriate.

   C. Both words are appropriate.

   D. Not sure

10. They danced in the **spring breeze**.

   他们在 _____ 里跳舞。

   A. Only 春风（chūn fēng）is appropriate.

   B. Only 春天风（chūn tiān fēng）is appropriate.

   C. Both words are appropriate.

   D. Not sure.

附录 5：判断非词测试

The following words may ALL be new to you, some of them are real words, some are NON-words. Please try to circle all the NON-WORDS based on your own judgement. No dictionary is allowed.

答谈（dátán）　电脑（diànnǎo）　从次（cóngcì）　工民（gōngmín）

唱书（chàngshū）　多也（duōyě）　边西（biānxī）　钱局（qiánjú）

中面（zhōngmiàn）　老心（lǎoxīn）　近九（jìnjiǔ）　笔业（bǐyè）

漂亮（piàoliang）　品饮（pǐnyǐn）　但方（dànfāng）　高石（gāoshí）

学地（xuédì）　非习（fēixí）　爱物（àiwù）　词子（cízi）

中文（zhōngwén）　争场（zhēngchǎng）　前妈（qiánmā）　常才（chángcái）

最日（zuìrì）　们个（méngè）　春天（chūntiān）　友气（yǒuqì）

小男（xiǎonán）　给兴（gěixìng）　里叫（lǐjiào）　美态（měitài）

么天（metiān）　加面（jiāmiàn）　该风（gāifēng）　在少（zàishǎo）

说语（shuōyǔ）　见车（jiànchē）　但遍（dànbiàn）　米饭（mǐfān）

白室（báishì）　着国（zhěguó）　兵人（bīngrén）　作业（zuòyè）

自去（zìqù）　看病（kànbìng）　全月（quányuè）　者车（zhěchē）

流两（liúliǎng）　知道（zhīdào）　很得（hěndé）　多对（duōduì）

再住（zàizhù）　上城（shàngchéng）　了月（leyuè）　子物（zǐwù）

哪很（nǎhěn）　先生（xiānsheng）　件看（jiànkàn）　些高（xiēgāo）

茶其（cháqí）　儿欢（erhuān）　睡票（shuìpiào）　为法（wéifǎ）

事园（shìyuán）　然外（ránwài）　的有（deyǒu）　用不（yòngbù）

学生（xuésheng）　下天（xiàtiān）

注：

假词

答谈	工民	唱书	钱局	老心	事园	笔业	品饮	高石	学地	爱物
词子	中面	争场	前妈	友气	小男	美态	下天	为法	加面	说语
见车	白室	睡票	兵人	自去	全月	再住	上城			

非词

最日	们个	了月	子物	哪很	件看	些高	茶其	在少	多也	儿欢
近九	然外	边西	的有	用不	但遍	常才	从次	很得	多对	么天
但方	非习	该风	给兴	里叫	者车	流两	着国			

真词

| 中文 | 电脑 | 看病 | 知道 | 春天 | 漂亮 | 学生 | 作业 | 先生 | 米饭 |

附录6：母语为英语的汉语学习者造词偏误的分类

编号	偏误词	目标词	分类
1	内边	里边	1
2	认出卡	身份证	1
3	中边	中间	1
4	卖票员	售票员	1
5	为法	做法	1
6	仙景	仙境	1
7	冬游者	冬泳者	1
8	接待所	接待室	1
9	风景地	风景点	1
10	求要	想要	1
11	荒景	荒地	1
12	中面	中间	1
13	服务所	服务处	1
14	说语	说话	1
15	争场	战场	1
16	饱历风霜	饱经风霜	1
17	主国	祖国	1
18	部队员	军人	1
19	食物店	食品店	1
20	内面	里面	1
21	前妇	前妻	1
22	花公园	花园	2
23	当时候	当时	2
24	生学	生物学	2
25	火站	火车站	2

续表

编号	偏误词	目标词	分类
26	面车	面包车	2
27	经济家	经济学家	2
28	分隔间	隔段	2
29	中学校	中学	2
30	音乐队	乐队	2
31	高中学	高中	2
32	羊串	羊肉串	2
33	游区	游览区	2
34	石雕像	石雕、雕像	2
35	北韩国	朝鲜	2
36	收获节	收获的季节	3
37	独孩	独生子女	3
38	古楼	古代楼阁	3
39	学法	学习方法	3
40	苦年	艰苦的年代	3
41	峻峰	险峻的山峰	3
42	短用	临时的、用的时间短	3
43	美态	优美的姿态	3
44	比赛会	比赛	4
45	电缆车	缆车	4
46	设备品	设备	4
47	财主人	财主	4
48	物质品	物质	4
49	词子	词	4
50	连喜带乐	连……带……	4
51	感得	感觉到	5
52	歌唱团	合唱团	5

续表

编号	偏误词	目标词	分类
53	冬风	寒风	5
54	视管	显像管	5
55	多识多才	多才多艺	5
56	心服眼服	心服口服	5
57	下天	下月	5
58	应尽	应该	6
59	候笑	微笑	6
60	用巧	灵巧	6
61	感望	感慨	6
63	心晨	心理	6
64	小买摊	小摊	6
65	慢形电影	慢镜头	6
66	不饥半暖	吃不饱穿不暖	6

分类代码：1—同义替代；2—整词与词素混用；3—L2 中无对应词；

4—L2 中有对应结构；5—相关义替代；6—无法分类